イラスト版
こころのケア

久芳美惠子
[東京女子体育大学教授]

梅原厚子
[目黒区教育委員会療育相談員]

[編著]

子どもの様子が気になった時の49の接し方

合同出版

はじめに ●●●

　子どもは社会の変化を敏感に反映します。急速に普及したインターネットや携帯電話は大変便利なものですが、人間関係の希薄さを助長し、面と向かっては言えないキツイことをメールするなど、子どもたちにもその影響を少なからず与えています。友だちとけんかして仲直りしたり、悩みを打ち明けあったりする現実の人間関係を避ける子どもが増えてきています。自分が感じるストレスを上手に解消する術を持たず、人を傷つけることを平気で言う。ささいなことに"キレて"暴れる。さらには、それまで問題行動がなかった子が突然、友だちや親を殺傷するような事件が起きています。"子どもたちの心のバランスが崩れている"危機感を持ちます。

　編者らは、長年にわたり、教育の現場で課題をかかえる子どもたちや保護者、さらには学校の先生方の相談に携わってきました。本書では、子どもの「心」のケアを考えるにあたって、子どもたちの気になる「行動」別にケアの方法を考えました。心と行動は切り離せないものです。たとえ同じような心の思いを持っていても、子どもによってとる行動は異なります。同様に、同じような行動をしていても心の思いはそれぞれ異なるものです。少なくとも行動は目に見え、保護者や教師など、周りの人が気づきやすいと考えました。

　気になる子どもたちの行動を49項目に絞りました。それらは、次の二つに大別されます。

〔第1・2章〕　親や教師・友だちやきょうだいなど主に「人との関係で起こる行動」、
〔第3・4・5章〕　学校や勉強、自分の身体に関すること、また自己防衛や否定的行動など「その子自身の気になる行動」です。

　それぞれの項目ごとに二つの事例とその対応を示し、さらに「臨床心理士から」として心理学的な解釈と対応のポイントを載せました。なるほどと思われた対応を参考に子どもに接してみてください。

　ただし、表面的には同じような行動でも、その思いは個々の子どもで違います。したがって、対応も本来、その子その子によって異なるのです。事例と共にあげた対応は一つの例ですから、目の前にいる子どもの心を理解し、その子にあったより適切な対応を考えていただきたいと思います。

　子どもたちの問題行動を考える時、忘れてはならない視点があります。それは、「問題行動」は"子どもからのSOS"であるという視点です。どんな子も、適切な環境のもとにおかれればまっすぐに伸びようとするものです。他者への暴力や登校をしぶるなど、気になる問題行動は、自分がおかれている状況では生き生きと生きられないと感じる子どもからの訴えであり、「このままでは大人になれないよ」という叫びなのです。また、突然起きたように見えても、それは長い間蓄積されたストレスが、その子の限界を超えたためあふれ出たものなのです。行動を頭ごなしに責めるのではなく、行動にこめられた子どものメッセージを考えてほしいのです。そのような行動をとらざるを得なかった子どもの追いこまれた心の思いをわかろうと努力していただきたいと切に願います。本書が、その一助になれば幸いです。

編者代表　**久芳美惠子**

もくじ

はじめに ……………………………………………………………………… 3
もくじ ………………………………………………………………………… 4

1章　親や先生に対する行動

1　同じようにしないと不満を言う ……………………………………… 6
2　今までしていたことをしなくなる …………………………………… 8
3　急に反抗的になる ……………………………………………………… 10
4　大人の失敗が許せない ………………………………………………… 12
5　家でよい子を演じ、学校で発散 ……………………………………… 14
6　親を避けるようになる ………………………………………………… 16
7　帰宅時間が遅くなる …………………………………………………… 18
8　嘘をつく ………………………………………………………………… 20
9　家出をする ……………………………………………………………… 22
10　とつぜん暴れだす（キレる） ………………………………………… 24

2章　友だちやきょうだいに対する行動

11　いつも暴力的にふるまう ……………………………………………… 26
12　相手を執拗にいじめる ………………………………………………… 28
13　相手の失敗を許せない ………………………………………………… 30
14　期待されていることに反発する ……………………………………… 32
15　なんでも相手の意見に合わせる ……………………………………… 34
16　自分にそぐわない物を欲しがる ……………………………………… 36
17　仲間から離れて一人で帰宅できない ………………………………… 38
18　携帯電話が手放せない ………………………………………………… 40
19　からかわれても反応しない …………………………………………… 42
20　いじめられても自分で改善しようとしない ………………………… 44
21　人に会うのをおっくうがる …………………………………………… 46
22　インターネットにはまっている ……………………………………… 48
23　外で遊ばない …………………………………………………………… 50
24　集団になじみにくい …………………………………………………… 52
25　人の嫌がることを平気で言う ………………………………………… 54

3章　学校や勉強に関する行動

- 26　校則を破る ... 56
- 27　教科書をなくしたり道具を壊したりする ... 58
- 28　学校のことを話さなくなる ... 60
- 29　宿題や提出物を急に出さなくなる ... 62
- 30　字が急に雑になったり小さくなったりする ... 64
- 31　勉強をしなくなる ... 66
- 32　集中しなくなる ... 68
- 33　塾をさぼったり部活動をやめたりしてしまう ... 70
- 34　登校をしぶる（小学生） ... 72
- 35　登校をしぶる（中学生） ... 74

4章　身体に関する行動

- 36　髪型が決まらないとかんしゃくを起こす ... 76
- 37　自己臭を過度に気にする ... 78
- 38　体型を気にする ... 80
- 39　寝つきが悪い ... 82
- 40　よく頭痛や腹痛を訴える ... 84
- 41　無気力になったり、わけもなく泣いたりする ... 86
- 42　爪かみ、チック、夜尿、夜驚などがある ... 88

5章　自己否定・自己防衛的な行動

- 43　極度に失敗を恐れる ... 90
- 44　完璧でないとがまんできない ... 92
- 45　自己防衛的なことを言う ... 94
- 46　自己否定的なことを言う ... 96
- 47　今の自分が好きになれない ... 98
- 48　鼻汁をなめる・股間のにおいをかぐ ... 100
- 49　リストカットをする ... 102

かいせつ ... 104
参考文献 ... 110
参考情報 ... 111

同じようにしないと不満を言う

　授業中、先生が指名してくれるまで「はい、はい」と手を上げつづける子どもや、自分が指名されないと、とたんに、「どうせ、指してくれないんだから」と、学習に対してやる気をなくしてしまう子どもがいます。また、家庭の中でも「お母さんは弟ばかりかわいがって、私の言うことはちっとも聞いてくれない」と、不満を言う子どもがいます。このような子どもの過度の自己主張や不満は、どこからくるのでしょう。

　それは、大人への子どもの無意識な心のメッセージなのです。「私の方を向いて、私の言葉を聞いて」という、訴えなのです。決してわがままでもなく、場をかき乱したいわけでもなく、子どもの心が十分に満たされていないことからくる訴えです。

　「すごいね。よく考えたね。よくできたね。すばらしいよ」というような言葉をかけることで、子どもは、自分の有用感、満足感、自信を得ていきます。その時初めて、一人の人間として自立していけるのです。

　子どもが同じようにしないと不満を言う時は、「私のこともちゃんと見ていて」という言葉にならない大人へのメッセージなのだということに気がつくことが必要です。

Case 1　どうせ、ぼくなんか指してくれないんだから

子どもへの対応　先生はいつも見ているよと言うメッセージを伝えましょう

- 何気ないおしゃべりの時間をつくって、子どもの心をほぐしていきましょう。

- 子どもが一生懸命考えたことを、しっかりと受け止め、子どもとの信頼関係を築きましょう。

- 子どもの心を受け止めた上で、学級のルールを定着させることが必要です。

POINT　子どもとの信頼関係を築くことがすべての始まりです。

臨床心理士から

　大人は、子どもたちに同じように対応しようと努力しています。一見同じように対応していないことがあるにしても、それ相応の理由があるからしたことであり、本質的には自分の態度に変わりないと信じています。一方、自分は他の子と同じに扱われていないと周りの大人に不満をぶつける子がいます。そのような時、大人が「わがまま」「自己中心」と責めるのではなく、子どもの言い分である不満をきちんと受け止めてあげましょう。

　このような訴えが多い時は自分という存在に気づき始めた時や自立的になろうとする時であり、「私を見て」「私の話を聞いて」という大人へのメッセージなのです。子どもの成長は、このように一見マイナスの様相をとって現れることがあるので、子どもの声にていねいに耳を傾けていきましょう。

Case 2　いっつも弟のことばっかり……

お母さんは弟ばかりかわいがって…。私だって、買って欲しいものがあるのに…。

子どもへの対応　ほめることで子どもの存在を認めていきましょう

- 「お母さんは、どうせいつも弟ばっかりかわいがっているんだから…」子どもがこんな言葉を言った時、それは、大人へのサインです。自分の乾いた心を大人にわかってもらおうと無意識に思って発している言葉です。

- 今がチャンスです。お母さんから自分の存在を認めてもらえば、子どものモヤモヤした心は、どこかに行ってしまいます。子どもを認める言葉をかけていきましょう。

POINT　子どもは、認める方向へ伸びていきます。

1章　親や先生に対する行動

 # 今までしていたことをしなくなる

　子どもは、大人の期待に応えようと無意識のうちに、一生懸命頑張っています。ほめられると、当然のようにうれしくなり、エネルギーを蓄積していきます。

　子どもは、取り組んでいることを認められることで自信を得て、次への力を蓄えていくといえます。

　しかし、できていることは当たり前ではなく、一生懸命取り組んでいる結果です。それを、周囲の大人が認めることで、子どもは頑張っている自分を再認識し、それをすることは意義のあることなのだと、自分自身に言い聞かせているのです。

　ところが、いくら一生懸命頑張っても、大人が当たり前のように受け止め、頑張っていることへ賞賛の言葉をかけないことが続くと、子どもは、どうせやってもほめてもらえない、やっていることは意味のないことだと思いはじめ、今まで取り組んできたことを放棄するようになります。

　また、急にわがままを言ったり甘えたりすることもあります。

　大人は、表面に出てきた子どもの行動から、子どもの心の動きを察知し、受け止めていくことが必要です。

Case 1　やだ！　やりたくない

子どもへの対応　自分の存在をアピールする子どもの心を受け止めましょう

- 大人にもっとぼくの方を向いてという思いが、口ではうまく伝えられずに、今までできていた授業のルールを破るという行動を通して、無意識のうちに自分の存在する意味を大人に訴えています。

- 子どもが取り組んでいることに関心を向け、小さなことでもほめて認めていきましょう。

- イライラし不安な思いを抱いている子どもの気持ちを黙って受け止めていきましょう。

- 家庭での様子を聞き、得られた情報で子どもの行動の意味が見えてくることがあります。

POINT　自分のことを黙って聞いてくれる人が一人でもいてくれると、子どもの心はきっと救われます。

臨床心理士から

今まで手がかからず素直で、大人の期待にそって頑張ってきた、いわゆる"よい子"が、急に親や教師にだだをこねてわがままになったり、今までできていたこともやろうとしなくなったり、甘えてきたりすることがあります。いわゆる"赤ちゃんがえり（退行）"です。親はそれまでのわが子とのギャップに戸惑い、叱責することが多くなったり、いつまで続くのか不安になったり、甘やかしにつながるのではないかと疑問を感じたりもします。

このような子どもの姿は、無意識的に乳幼児期に退行することで、それまでにクリアできなかった発達課題＊にもどり、子どもが達成できなかった課題をやりなおそうとしていると見ることができます。

＊乳幼児期に親から愛され大人に十分に甘え、満足な対象関係の基盤が持てたかどうかということが、その後の成長にとって大事な課題と考えられていること。

Case 2　お兄ちゃんだからしっかりして！

子どもへの対応　突き放しは、逆効果

- 子どもの心を受け止めることは、甘やかしではありません。

- 急にわがままを言ったり甘えたりするのは、きっと、どこかに不満が渦巻いているのです。

- じっくり聞くことで、子どもはまたルールを守ろうとして行動に移します。

- 子どもの心の中の言葉を聞くことは、遠回りのようですが大変重要なことです。突き放せば、抵抗し、逆効果です。

POINT　子どもの行動が訴えている心の動きを受け止めましょう。

1章　親や先生に対する行動

急に反抗的になる

　子どもも大人と同じようなストレスをかかえていることが多くあります。それが、現代の社会の一つの風潮ともいえるのでしょう。家庭の教育方針や世間体、そして大人自身がかかえている社会への不満などが渦巻いている中で、子どもも懸命に生きています。

　懸命に生きている中で、知らず知らずのうちに子どもも多くのストレスをかかえていきます。それを「友だちとのトラブルを繰り返す」「自分の過ちを認めない」「暴力をふるう」「先生につっかかってくる」など、さまざまな形で発散します。

　子どもは心の中のモヤモヤやなんだかわからないイライラを、反抗という行為で表すのです。言葉で自分の気持ちを言えず、自分で自分の心を持て余ましてしまうのです。

　大人には、子どもの反抗という行為は見逃せないものです。しかし、このような行動の裏にある子どもの心の葛藤を理解していくことが必要です。

　急に反抗してきた時、それは、何かを訴えようとしている大人へのサインです。大人には、急に反抗的になったように思えますが、子どもは、ずっと、ストレスをかかえてきているのです。まずは、子どもの心の葛藤を黙って聞くことから始めましょう。

Case 1　イライラした気持ちを態度で表す

子どもへの対応　じっくりと子どもの気持ちを聞き、心をほぐしていきましょう

先生　「A君、どうしたの？」
A君　「こんな所に体操着掛けて、ぼくが通ろうとしたらじゃまだったんだ。だから、け飛ばして僕が通るところをつくった。」
先生　「B君が体操着掛けるところは、みんなと違っていたのかな？」
A君　「みんなと同じ所だけど、じゃまなんだ。」
先生　「A君がじゃまだと思ったら何をしてもいいのかな？　A君の体操着がけ飛ばされたらどんな気持ちがする？」
A君　「ぼくのがけ飛ばされたら怒るに決まっているさ。許さないよ。当たり前だろう。」
先生　「じゃ、B君もいやな気持ちは同じじゃないかな？」
A君　「……」しばらく沈黙。黙ってうなずく。

POINT　しばらく沈黙。この沈黙を大事にして、子どもの内省を待ちましょう。

臨床心理士から

　一般に"反抗"とは、親や教師、子どもから見て大人という権威に対する"はむかい"であり、子どもの成長過程の一つです。この"反抗"という現象は大人になるまでに二度の大きなのピークを迎えます。いわゆる幼児期の"第一反抗期"と思春期の"第二反抗期"です。幼児期に"反抗"が全然現れなかった、目立たなかったという子どもに接することがよくあります。子どもに"反抗"するだけの自我の強さがなかったのか、周囲が"反抗"を許さない雰囲気があったのか、その両方であった可能性も大きいと思われます。そんな子に思春期に入って初めて"反抗"が見られる場合、その限界が定まらずエスカレートした形で現れることもあります。

　いずれにしても、子どもの"反抗"に対して、大人がきちんと向かい合い子どもの言い分を聞くことが求められます。その上で、大人の思いも伝えていきたいものです。

Case 2　私には私のやり方があるんだから！

子どもへの対応　親の思いばかりを押しつけていませんか？

　子どもは、親のしていることをじっくりと見ています。そして、知らず知らずのうちに親のしていることと、同じことをするようになります。

　親が頭ごなしに物を言っていると、子どもは自分の考えを十分に親に伝えることができなくなります。言いたいことがあっても、心にためていきます。しかし、思春期を迎えるころから、その態度は変容し、親が自分にしてきたと同じように親に対して頭ごなしに拒否をするようになります。

　子どもの心を解きほぐすように子どもの心の訴えを聞くようにしていきましょう。親の思いを伝えるのではなく、子どもの心をじっくりと聞くことで、子どもは親の態度の変化を感じ取り、自然と親への親愛の気持ちを取りもどします。

POINT　子どもは親を見て育ちます。

1章　親や先生に対する行動

大人の失敗が許せない

　何でもよくできて、非の打ち所のないような子どもは、自分ができないと、とてもくやしがります。
　例えば、教師が黒板の字を間違うと「先生、違います」とすぐ声を上げたり、うっかり連絡などを忘れたりすると、「先生のくせに…」と、不満をもらします。教師としては、どう対応したらいいのか、苦慮することもしばしばです。
　なぜそこまで文句を言うのかと思うほど、大人に食ってかかり、小さなことまで追及し相手を許すことができません。しかし、こういう場合子ども自身、自分をどうしていいのかわからず、突っ張っていることがあるように思います。
　子どもは相手に何かをぶつけ、攻撃することで、パンパンに張りつめた心の中の不満を解決する手段をさがしているのです。相手を許さず突っ張ることで、自分の心の均衡を保っているようです。
　でも、その解決の方法では、安心できる人間関係づくりを自分で閉ざしてしまうことになります。
　こんな時こそ、子どもが出してくる心のサインにしっかりと向きあい、どう対応したらよいのか、考えさせるチャンスです。表面に出てきた、サインを受け止め、子どもの心の葛藤をほぐしていくことが必要です。

Case 1　先生の言っていること違うじゃん！

子どもへの対応　先生の行動を許せない子どもの心の中をのぞいてみましょう

A子「先生は、私ができてもなんにも言ってくれない。でも、B子ちゃんができると、すごくほめる。私のこともほめてほしかった。」

　A子はなんでもよくできるしっかりしている子どもだと思っていたので、できて当然であり、ほめることも少なくなっていました。しかし、ここに、子どもの心への見落としがありました。A子は精一杯頑張っているのであり、先生からほめてもらいたい、認めてもらいたいとういう思いが募っていたのです。その反発が、先生のちょっとした言動や行動に対し文句を言い、許せない状況をつくっていきました。

- 「一生懸命やっているね。そのことをちゃんと、わかっているよ」と、いうことを言葉として伝えつづけることで、固くなった心を解きほぐしていくことが必要です。

POINT　子どもの行動を認めるたった一言が、心の突っ張りを解いていきます。

12

臨床心理士から

大人に対して、理屈で相手の論理の矛盾をついたり、失敗を許さず責めたりする子どもがいます。そのような子どもは、自分自身に対しても感情よりも理屈を優先させるような傾向が見られます。多くの場合、子どもの成育環境の中で、大人から自分がされてきたことと同じことを相手に対して求めていることが多く、相手を攻撃し責めることで自分の心のバランスを保とうとしている姿が読み取れます。子どものペースに巻き込まれ、感情的になり押さえつけようとしたり、理屈で子どもの論理の矛盾を埋めようとしたり言い訳をしたりすれば、子どもの感情はますますエスカレートしていきます。

子どもの言い分を感情的にならずに、まずは否定せずに聞いていくことが求められます。そのような相手との関係の中で、子どもの方も相手の非を責めるという形ではなく、弱く自信のない自分の姿を垣間見せることがあります。

Case 2 お母さんのくせに何やっているの！

母親なら、母親らしくちゃんとやってよ！

子どもへの対応　失敗しても次につながる言葉かけを

- 「何やっているの。そんなことしちゃだめでしょ。また、そんなことして。」
  母親の口やかましさの中にいるうちに、子どもは相手の行動を容赦なく追及し、許してはいけないことを学びます。

- いつしか、母親にも、先生にも、友だちにも自分がされたことと同じように追及し、失敗を許せなくなり、人間関係に歪みをもたらします。

- 「失敗することもあるよ。でも大丈夫！　次に生かしていこうね。」
  失敗を責めるのではなく、次に力を出せるようなあたたかく包みこむ言葉を教えていきましょう。

B子が作ったんだって？ちょっとコゲてたけどおいしかったよ。また作ってくれるかい？

ごちそうさま

POINT 子どもは、大人が自分にしてくれたことを心と体を通し学んでいきます。

1章　親や先生に対する行動

家でよい子を演じ、学校で発散

子どもはお母さんやお父さんが大好きです。だから、お母さんやお父さんの期待に応えようと一生懸命に頑張ります。

しかし、頑張るという字は、「かたくなにはる」と、書くように、もうそれ以上どうしようもない状態にあります。ですから、「かたくなにはった状態」から、自分の心をどう解きほぐしていくか、子どもは無意識のうちに考えます。パンパンに張った風船が、それ以上空気を入れたら「パーン」と割れてしまうように、子どもの心も割れてしまいそうです。

家では、周りの期待に応えようと一生懸命に頑張っているので、自分をリラックスさせる場所がありません。でも、どこかで発散させなければパンパンに張りつめたままです。それは、大変苦しいことです。そこで、発散の場所を学校に求め、友だちや先生にちょっとのことでつっかかっていきます。

「うちの子に限って、そんなことするはずがありません」という言葉が表すように、家でいい子を演じれば、その裏にある心の葛藤や我慢は、他の場所で発散するしかないのです。

Case 1　うちの子がそんなことするはずありません

うちの子がそんなことするはずがありません。うちの子の方が被害者です！

子どもへの対応　家でリラックスできれば外の緊張には耐えられます

母　「友だちをケガさせるなんて考えられません。家では、本当に親の言うことをよく聞いています。学校から帰れば毎日塾に行って、帰ってからは塾の宿題も夜おそくまでやっています。」
先生　「毎日、そのような生活を続けているのですか？」
母　「はりきってやっています。頑張りやです。」
先生　「一生懸命頑張っているのですね。でも、ほっとする場所はどこにあるのでしょうか？」
母　「ほっとする場所ですか？」
先生　「頑張っている分、どこかでほっとする場所がほしいのではないでしょうか…」
母　「一生懸命頑張っているのですから、ほっとする場所など必要ではないでしょう。」
先生　「頑張らなければと緊張しているように思えるのですが…」
母　「緊張ですか？」

POINT　子どもへの対応の第一歩は、保護者の気づきを促すことから始まります。

臨床心理士から

普通、家庭ではリラックスし時には発散し、学校など外で頑張る姿が、子ども本来の姿といえます。家庭は憩いの場、エネルギー充電の場でもあるわけです。しかし、なかにはその行動スタイルが逆になっている子どもがいます。家庭で親から見ては問題ない、むしろ親の期待にそった"よい子"を演じている反動が、学校で暴れたり、友だちをいじめたり、盗みを働いたり、いわゆる問題行動を起こしてしまうのです。子どもなりに発散の場を学校に求めて、心のバランスを保っているとも見受けられます。

なぜそのように家庭で"よい子"を演じなければならないのか ──そうしなければ親から見捨てられるのではないかという不安感が根底に感じられる事例や、逆に「自分はそんなによい子ではないよ。わかってほしい」という子どもから親へのメッセージとも受け止れる事例もあります。家庭と学校での両方の子どもの姿を視野に入れながらの理解が大切です。

Case 2　とってないよ！

1年生のA君は、教室の中を歩いては、机の上にある鉛筆や消しゴムを手にとり自分の物にしてしまうところがありました。A君がとったことはだれの目にも明らかなことで、注意をすると、「落ちていた」とか「ここにあった」とか、思いつきのうそを重ね、友だちからの評価も低くなっていきました。

子どもへの対応　家で緊張している子どもの心を見つめてみましょう

A君の母親と面談すると、「Aは1歳になる妹に食事を食べさせたりお風呂に入れたりし、妹の面倒をよく見るとてもいい子で、家では少しも困っていません」との答えでした。

一生懸命にお母さんの役に立ちたいと妹の面倒を健気に見ているA君の気持ちは、お母さんにぼくの方を見てほしいという精一杯の訴えだったと言えます。

つまり、1年生のA君に1歳の妹の面倒を見させるには無理があったといえます。その無理がつのり、欠けている愛情を埋め合わせるかのように、学校で友だちの物をとってしまうという行為に出ていたと考えられるのです。

1歳の妹の面倒をみるやさしいA君

POINT　家庭や学校、習い事など子どもの生活全体に気を配りましょう。

親を避けるようになる

　子どもはいわゆる反抗期や思春期を迎えると、親に内面を見せなくなったり、拒否的になったりということが起こります。

　しかし、それらとは別に、家で学校であったことや、友だちの話を一切しなくなったり、日常話すときに目を合わせなくなったり、さらには親の目を盗むような不自然なふるまいがあるなど、親を避けるような態度をとることがあります。

　このような態度のかげには、いじめにあうなど大きな悩みをかかえて耐えている場合や、非行など反社会的なことに足を踏み入れていて隠そうとしている場合があります。子どもは悩みや苦しみが深刻であればあるほど、自分の惨めさをさらしたくない、親に心配をかけたくない、などの気持ちから親や先生に助けを求められないものです。

　話しやすい雰囲気、じっくりと待つ姿勢をもって向き合いましょう。

　いずれにしろ、親として子どもの心にしっかりと向き合い、力強い味方となっていっしょに解決を目指すという姿勢と、それを子どもに伝えることが必要です。

Case 1　いじめにあっている気配があるが、黙って一人で耐えている

（母親）「何があったの？」
（子）「ううん、なんでもない…」

子どもへの対応　自分の気持ちも率直に伝えながら、聞きましょう

母親「きのうから表情が暗いわよ。何かあったんじゃあないの？」
A子「ううん。本当に何もないよ。」
母親「何もないって…、顔色だって悪いわよ。」
A子「ちょっとおなかが痛いだけ。…大丈夫だから。」
母親「そう…。でもね、今まであなたが本当におなかが痛いとき、そんなに黙りこくったりしなかったでしょ。お母さんはあなたの親なのよ。本当にあなたのことを心配しているのよ。この世で一番。」
A子「…実は……。B子ちゃんたちから……。」

POINT　落ち着いてリラックスできる場所で穏やかに、じっくり聞きましょう。

臨床心理士から

　思春期を迎える頃から、子どもは自分らしさにこだわり自我を主張するようになり、大人から自立することを求め、親に反抗的な態度をとったり親を避けたりするようになります。一方で、親に対する甘えや依存の感情も見え隠れし、"自立と依存の葛藤"に悩む時期でもあります。相談者の話を伺うと、思春期になっても親離れ・子離れしにくい親子の姿を見ることが多くあります。しかし、このような親を避けるようになった子どもの姿は、親にとってはわが子が成長した姿として見るべきであり、今までの関係とは異なり、"心理的距離"をおき"子どもを見守る親子関係"のあり方が求められるのです。

　しかし、ケース1や2のように、不自然な形で親を避ける子どもの姿に対しては、親としての積極的な関わりが求められます。この時期の子どもの親に対する気持ちに配慮しながら、親として子どもときちんと対峙していく必要があります。

Case 2　非行に足を踏み入れ、隠しごとをしている

母親「このゲームソフトどうしたの？」
A男「友だちから借りたんだよ。勝手に部屋に入るなよ！」

子どもへの対応　大人として誠意と解決への強い意志を持って話しましょう

父親「母さんから聞いたんだが、このゲームソフト、どうしたんだ？」
A男「…だから、友だちから借りたんだよ。」
父親「友だちってだれ？」
A男「B男だよ。」
父親「今まで、友だちからものを借りたりもらったりした時には必ず言うように言ってたし、A男はそうしてたよね。」
A男「……」
父親「それに、まだ封を切っていないものを貸してもらったというのは、父さんはおかしいと思うよ。」
A男「……」
父親「父さんも母さんも本当に心配してるんだよ。しっかりと父さんの目を見てごらん。…過ったことをしたら、それは早く戻さなければならない…そうだろう？」
A男「…ごめんなさい。実は……」

POINT　子どもは防御のために反抗的になったり攻撃的になったりしますが、いちいちその態度に反応せず、落ち着いて毅然と善悪について示しましょう。

1章　親や先生に対する行動

 帰宅時間が遅くなる

　年齢が上がるにつれ、交友関係も増え、しだいに行動範囲も広くなります。また、それに伴って帰宅時間が遅くなったり、子どもの行動が見えにくくなったりします。放っておくと子どもの生活全体がルーズになり、事件・事故に巻きこまれる危険も大きくなります。

　子どもの行動すべてを把握することは不可能ですし、自立心や責任感を育てるという観点からいっても必ずしもそれがよいとはいえません。しかし、どこへ行くか、だれといっしょか、何時に帰るかなど、いくつかの生活上のルールは年齢に合わせて取り決め、きちんと守らせることが大切です。

　例えば、帰宅時間は「夕焼けチャイムまで」「午後6時まで」「夕食まで」など具体的に決めましょう。また、時間を守るという意識を育てるよう、けじめのある生活を送らせることが大切です。起床時間や就寝時間を決め、毎日自分でそれを守るよう教えていきましょう。

Case 1　ズルズルと帰宅時間が遅くなる

今日もまた20分遅刻よ！

友だちはまだ遊んでるよぅ～

子どもへの対応　ルールを守ることの大切さを教えましょう

母親「もう5時20分よ。いったいどうしたの？」
A男「だって友だちはみんなまだ遊んでるよ。」
母親「でも『夕焼けチャイム』が鳴ったら帰るルールは、あなたたちを守るためにあるのよ。」
A男「そんなのみんなだれも守ってないよ。」
母親「そう。みんながやぶればルールは守らなくていいというのね。」
A男「いや、そうじゃないんだけど…。自分だけ途中で帰るって言えないよ。」
母親「そうかもしれないわね。でも、お互いに『自分だけ先に帰れない』って思っているんじゃないの？」
A男「たぶん……。でも、言い出しにくいんだよ。」
母親「約束やルールを守ることについての、あなたたちみんなの気持ちの問題なんじゃないの？」
A男「…わかったよ。あしたみんなと話し合うよ。」

POINT　子どもの言い分けや友だち付きあいの微妙な気持ちは受け止めつつも、方向性だけはきちんと示しましょう。

臨床心理士から

年齢が上がるにつれて、子どもの行動範囲が広がり友だち関係も増え、子どもの外での行動が親から見えにくくなってきます。このことは発達的に見ると、自立への第一歩ともいえます。しかし、それにつれて帰宅時間が遅くなり子どもの生活の乱れにつながることも懸念されるだけに、親は子どもを責め、親子間の言い合いもエスカレートします。多くの子どもは、友だちの家とを比較しながら自分の家が厳しすぎることを主張したり嘘をついたりもします。

家族の一員として、また子どもの健やかな成長を願う親としての責任からも、それぞれの家の約束事があります。"帰宅時間を守る"ということも、その一つといえるでしょう。親が一方的に決めるのではなく、子どもの言い分も聞き子どもの発達段階に合わせながら親子の間で約束ごとを取り決め、約束したことは必ず守ることを子どもに伝えていきましょう。

Case 2　急に帰宅時間が遅くなり、しかも約束の時間を大幅に超えている

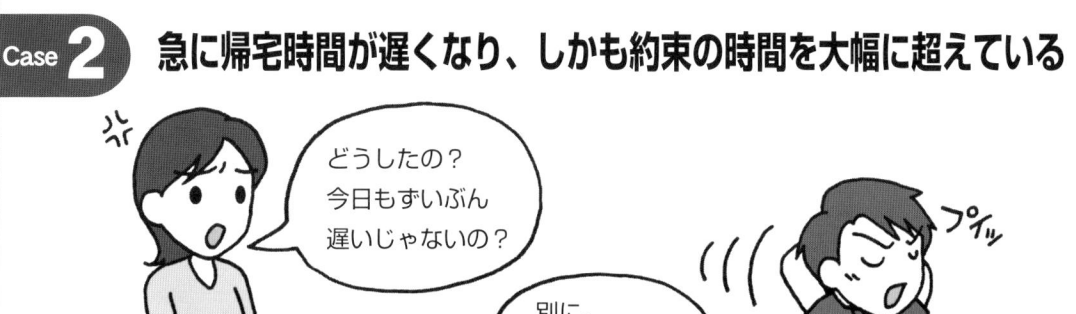

子どもへの対応　しっかり話し合い、行動全体について考えさせましょう

父親　「このところずいぶん帰りが遅いっていうじゃないか。どうしたんだ？」
A男　「いや、別に。友だちのところで勉強してたんだって母さんにも言ったよ。」
父親　「そうか…。しかし、母さんは勉強の道具も持っていなかったって言ってたよ。」
A男　「……」
父親　「そもそも、『夕飯時までに帰る』、という約束は、『何をしていても帰る』ということじゃないのか？」
A男　「わかったよ。あしたからは夕飯までには帰るよ。」
父親　「OK。そのことはわかった。で、…友だちのところで勉強していた、と言った点はどうなんだ？　そのままでいいのか？　よく考えてごらん。」
A男　「…ごめんなさい。友だちに誘われてゲームセンターで遊んでた…。」
父親　「そうか…。で、どうなんだろうか。そのゲームセンターは……。」

POINT　非を認めたことに対しては、くどくど言わず率直に受け入れましょう。その上で、自分で考えさせるように話し合いましょう。

8 嘘をつく

　子どもの嘘は、一過性であったり他愛のないことであればよいのですが、それが度重なると「嘘は通用する」「自分に利益がある」といった子どもは「負の学習」をしてしまい、自己の過ちをあらため成長する機会を失うことになります。

　嘘をつき続ければ、内なる良心が自分を責め続けますから、自ら自尊感情を傷つけることにもなります。それがその子の行動や成長に大きな歪みをもたらすことにもなります。とくに、自分の罪を他者に被せるといった人を陥れるような嘘は、他者の人生にも影響を与えかねない大変なことになります。

　幼少期から嘘をつくことが、いかにいけないことで危険なことかを教えることが必要です。また、大人と子どもが安心して本当のことが言える信頼関係を築いておくことが大切です。

　実際に、子どもが嘘をつく場面にぶつかったときは、じっくりと子どもと向き合って事実を確かめます。とくに、被害者がいる場合にはきちんとした解決が求められます。嘘があれば曖昧にせずその過りをきちんと教えることが大切です。

Case 1　私、何も知りません！

（イラスト：「A子さん、本当のことを言って！」／「私、何も知りません！」／C子さんの机「くさーい」）

子どもへの対応　事実を踏まえ、ねばり強く解決をはかりましょう

先生「きのう、先生がみんなを帰してから、また教室にもどるまでの間、その5分ほどの間に教室にいたのはあなたとB子さんの二人だけ、というのはいい？」
A子「私はわかりません。」
先生「そう。でも、B子さんには会ったわね？」
A子「はい。」
先生「そして、私が教室にもどってきた時、あなたとすれ違ったのよね。」
A子「はい。でも、B子さんが書いたかも知れないじゃないですか。」
先生「そう。でもB子さんは保健委員会に行って忘れ物を取りに教室に来て、すぐにもどった。それは、保健のD先生に確かめてあるわ。」
A子「……」
先生「C子さんに対して何か気に入らないことでもあるの？」
A子「…はい。実は……。」

POINT　一歩間違えば、子どもを傷つけ取り返しのつかないことになりますが、事実に基づいて誠意を持って話しましょう。

臨床心理士から

幼少期、子どもは現実と空想の区別がつかず意識せずに作り話をして嘘をつく場合がありますが、正常な発達過程と共に少なくなっていきます。その後も嘘が続く場合、子どもの満たされない愛情や擁護の欲求・願望から生じていることがあります。年齢が上がり、嘘の発生条件も複雑化し意識的な嘘も増えてきます。他者との関係で自分を優位に保とうと誇示したり、都合の悪い場面からの逃避であったり、利益を得ようとする知恵であったり、他者にほめられたり、認められようとしたり、時には仲間への忠誠などから嘘をつくことがあります。

多くの場合、自分を防衛するための一つの方策として選択され、適応的でない反応であるように思われます。当然、叱責や説教だけでは悪循環になるだけです。その行動の背景にある"嘘をつかざるを得なかった経緯や子どもの気持ち"を理解し、子どもの嘘から逃げずにきちんと対峙していくことが求められます。

Case 2 やったのは僕です…（罪を被って嘘をつく）

子どもへの対応　状況を細かに見つつ、ねばり強く関わりましょう

先生「どう考えても君が喫っていたとは思えないんだが…。」
A男「いえ、僕が喫いました。」
先生「君は今まで喫ったことはあるの？」
A男「…いえ、今日が初めてです。」
先生「それで、あんなに何本も喫えるのかな？」
A男「……」
先生「君が本当のことを言って友だちの喫煙を止めて健康を守るか、友だちをかばって友だちの健康がむしばまれるのを放っておくか、どっちを選ぶ？」
A男「ぼくのせいで彼が不健康になるって言うんですか？」
先生「そうは言わない。でも、彼を救ういい機会じゃあないのかい？」
A男「彼を救う？」
先生「そうだよ。彼の将来を考えて、勇気を出してごらん！」
A男「…わかりました。」

 **POINT**　発言を否定するよりは、違った枠組みで考えられるよう手助けしましょう。

家出をする

　最近の家出は、家を飛び出して一定期間行方がわからなくなってしまう従来のものと、携帯電話などで連絡はとれつつも、2～3日友だちの家を泊まり歩く「プチ家出」と呼ばれているものとがあります。本格的な家出はもちろん心配ですが、「プチ家出」も、いわゆるたまり場への出入りや異性との交遊、飲酒、覚せい剤などに結びつく大変危険なものです。

　家出には、家に居場所がない、親の愛情を確認したい、ちょっとした逃避行動としてなど、さまざまな要因が考えられます。

　日頃から家に居場所のあるあたたかい家庭づくりを心がけるとともに、幼少期より我慢する心も育て安易に逃避行動をとらないように育てる必要もあります。

　また、親子のちょっとしたいさかいの中で感情的になって、「出て行け！」などの言葉を発してしまうのも引き金になります。

　日頃から以上のようなことに気をつけ、もし起こってしまった時は、家出の危険性をよく理解させ、二度と引き起こさないよう時間をかけ心を尽くして話し合うことが大切です。

Case 1　些細なことで腹を立て家を飛び出して2～3日間帰ってこない

今どこにいるんだ？帰ってきなさい。

先輩のところ…絶対帰らないよ。

子どもへの対応　心配していることを伝え、帰宅するよう説得

父親「食事はどうしているんだ？」
A子「先輩の家にあるものを適当に食べさせてもらってるから…。」
父親「何日もそんなことをしていたら、その家にも迷惑になるだろう。帰ってきなさい。」
A子「迷惑じゃないって言ってるもん。絶対、帰らない！」
父親「きのう一日探して、見つからなかったので、夜に警察には捜索願いを出した。」
A子「ウソ！　なんでそんなよけいなことを…。」
父親「心配で、夕べは父さんも母さんも一睡もできなかった。家を出る以外、本当に解決方法はないのか？」
A子「……」
父親「とにかく、きちんと話を聞くから、…帰っておいで。」

……わかった。

POINT　感情的にならず穏やかに。急に、物わかりのいい親を演じてはいけません。今までの自分のスタイルで、誠意を持って。

臨床心理士から

　突然、子どもが家に帰ってこなくなることは、その経緯がどうであれ保護者にとっては心配なことであり、ともかくも無事に帰ってきて欲しいと願います。一方、子どもにとっても、うちの人が自分の家出をどう受けとっているか気になり、相手の出方をうかがうようなそぶりを見せることもあります。保護者としては、「子どものことを心配している」「帰ってきてほしいと思っている」気持ちを機会あるごとに子どもに誠意を持って伝え、家庭を子どもがいつでも帰りやすい状況にして、"子どもの居場所"づくりに努めることが求められます。

　しかし、このことは保護者が子どもの言いなりになることではありません。急に物わかりのよい保護者になる必要はありません。ただし、子どもが家を出たということを、"大人への異議申し立て"として受けとめ、子どもの言い分にも耳を傾けながら、改めて今までの家族関係、親子関係のあり方を考える機会にしましょう。

Case 2　行方がわからず、一週間後に警察に保護される

子どもへの対応　根ほり葉ほり詰問せずに、再び家出をさせないことをめざしましょう

父親「ちゃんと寝ていたのか？」
A男「……」
父親「ご飯は食べていたのか？」
A男「食べてたよ。」
父親「お母さんは、今、警察に捜索願の取り下げに行ってる。そのあと、学校にご挨拶に回るはずだ。」
A男「なんだよ。なんで警察なんかに！」
父親「それは仕方がないよ。自分の子が急にいなくなって行方がわからないんだ。」
A男「……」
父親「どこかで大ケガをして動けないんじゃないかとか。…もっと、悪いことだって。…母さんは、この一週間ほとんど寝てないよ。」
A男「それは、悪かったよ…。」
父親「とにかく、無事にもどったからよかった…。」
A男「……」
父親「二度とあってはいけない…。」

POINT　どのような心の動きがあり、どのような生活をしていたのかは、後で時間をかけ、気持ちをほぐしつつ、じっくり話を聞くようにしましょう。

1章　親や先生に対する行動

とつぜん暴れだす(キレる)

　事の前後の脈絡からは、周囲の子どもや大人には理解しがたいほどの激しい感情をむき出しにして、人に対して攻撃性を発揮する子どもがいます。突然、罵詈雑言を発したり、暴力的な行為にでたり、周囲にある物に対して破壊的な行為にでたりする状態を、最近では「キレる」と表現することもあります。

　自分の中にわき上がってくる不快な感情を自ら受け止めることができなかったり、自ら調整できなかったりすることから、情緒不安定になって、社会的に許容されない形で表出していると考えられます。それを承知してケアをしていくことが重要です。

　これには、大きく二つの背景が考えられます。一つは、生まれ育った環境の中で、キレるという状態を起こすことで人を操作する(自分の意図する方向に動かす)方法として学んできたという背景。もう一つは、自分の感情をコントロールすることが極端に困難であるといった「発達障害」が懸念される場合です。

　とくに後者は、コミュニケーションの理解度によって子どもに対する対応が変わってきます。日常からその子どもの様子をよく見て、その子がどういう情報(指示)であれば受け止めることができるのかを把握しておくことが重要です。

Case 1　生育環境・性格・ストレスなどのためにキレてしまう

子どもへの対応　行動を行動で制する、感情を受容する、認知を変容させる

1.	まず身体を落ち着かせる。(「深呼吸」と声をかけ、いっしょに大きく深呼吸する。
2.	注意を別に向けたり、不快な刺激となっているものから引き離す。
3.	どうしても暴力や破壊行為が収まらない場合は、他の子どもたちをその場から離れさせ、抱きしめ押さえつける。
4.	「悲しかったね」「悔しいんだね」などと暴力的な行為に裏づけられた感情を明確化する。
5.	短く現実検討ができる言葉かけをする。 　ケガの予防「ガラスがあるから危ないよ」 　行動の転換「○○くん、こっちを向いて」「○○くん、話を聞かせて」 　行動予測　「○○くんがケガをすると困るから、押さえるよ」

 ささいな刺激が、その子どもの中の思いこみに直結して行動化しやすい傾向があります。落ち着いた場面で思いこみの認知を変えられるような働きかけをしてみましょう。

臨床心理士から

　発達障害が疑われる子どもも含めて、突然にキレて暴れるなどの行動の背景に目を向けた時、些細なことで不安や緊張を感じ、繊細で傷つきやすい子どもの傾向が見られます。また周囲に脅威を与えたり、排斥感を起こさせたり、叱責されることも多く、孤立感や被害感、周囲への不満を募らせています。自信がなく自分が嫌われているのではないかと、心配を募らせている子どももいます。周囲に自分がどう見られているか気になりイライラした感情が高じたり、逆に周囲を気にしてがまんするなど、集団からの影響を受けやすい傾向も見られます。

　子どもと安定した関係を築き、不安や緊張を和らげてなるべく安心感を与える対応をしたり、前もって不安や緊張を抱きやすい場面を予測して十分に時間をかけて対応したりするなど、きめの細かい配慮が求められます。学校と家庭での生活態度の違いは、どちらも子どもの一面ととらえ、学校と家庭との共通理解を深めていきたいと思います。

Case 2　自分の感情がコントロールできない

子どもへの対応　その子どもがキャッチしやすい方法で伝えましょう

- 声のトーンを落として、ゆっくりとした調子で、その場から本人を引き離す。
- 接触に対して過敏な傾向のある子どもには身体接触を慎重に行う。（自閉傾向）
- 本人を興奮させる原因になっているものを隠す、その場から離れさせる。（ADHD傾向）
- 別の感覚刺激（本人が落ち着く好きなもの、顔を洗うなど）を与え、違う感情を引き出す。（ADHD傾向）
- 視覚に訴えて、明確にわかるようにプレートに文字や絵で約束事・今すべきこと・してはいけないことを書き、ストップをかける。（アスペルガー傾向）
- その子どもの要求が何であるか見立てる。
- その子どもの要求が満たされそうにない時は、子どもが安心して自分を落ち着けることのできる場所や方法（深呼吸、こぶしを強く握りゆるめるなどのストレスマネジメント）を提供する。
- 暴力をふるわない制限をし、対立した子ども間に介入し、「○○したかったんだね」などの気持ちの言語化を支援し、それぞれの子どもの思いを伝えあわせる。
- キレそうなときにクールダウンする場をあらかじめ決めたり、感情をしずめるための方法などを見つけるなどして、実際にキレそうな場面の時にその行為をとることで自己コントロールができたという実感を持たせる。

POINT　子どもがキレた時、教師や大人がその子どもにどのように関わるかが、周囲の子どもの手本になります。日常生活の中で自己肯定感を高めるように配慮しましょう。この方法は、どんな子どもにも有効です。

1章　親や先生に対する行動

いつも暴力的にふるまう

　暴力的なふるまいは、その子がこれまでに身につけてきた行動パターンです。目の前の暴力を注意したり叱ったりして、一時的に止めさせても、それをなくしたり、いけないことだと自覚させることはできません。しかし、トラブルの時こそ、その子が好ましい言動をきちんと身につけていくことのできる成長のチャンスです。そばにいる大人がどう応え働きかけていけば、その子の心にぬくもりが届くのか、工夫することが大切です。そのような大人の姿勢は、問題のある子どもだけでなく、周囲の子どもたちにとっても、具体的にどうすればいいかを学べます。そして、子どもたちのすばらしい感性は、小さなぬくもりを注ぎこみ・積み重ねていくことのできる大人を育ててくれることでしょう。

　しかしながら、暴力的な言動の裏には、勉強どころではない・友だち関係どころではない、その子が背負っている事情や問題があることも少なくありません。学校や家庭でよく話し合い、学校でできること、家庭でできることを確かめあいましょう。そして周りの子どもたちの力も借りながら、その子の心に「人ってあったかいね」というメッセージを届けたいものです。

Case 1　乱暴な言葉づかいで友だちに暴力をふるう

子どもへの対応　表し方・伝え方がうまくできないだけなのです

先生	「どんな風に歌ってほしいの？」
A君	「えっ…、これくらいかなあ。♪〜」
先生	「いい声！　B君歌ってみて。」
B君	「♪〜」
先生	「あら上手！　二人いっしょに、はい！」
AB君	「♪〜♪〜」（周りから拍手）
先生	「ところでB君、痛かったでしょ。」
B君	「びっくりした。」
先生	「…（A君の方を向き）だって。」
A君	「ごめんっ。」
B君	「いいよ。」

1. まず、気持ちを受け止め、言葉にしてあげましょう。
2. やりとりを通して自然な気持ちの流れを作ってあげましょう。
3. 上手な伝え方は、まず大人から。

臨床心理士から

いつも暴力的にふるまう子どもの行動の背景を考えると、家族関係の中で葛藤をかかえていたり、友だちや教師、親などへの不満を強く持っていたりして、その欲求不満を適切に処理できず、そのいらだちを周りにぶつけていることがあります。友だちになりたいがつくれず、相手を求める気持ちが乱暴な言動として相手に向かうこともあります。友だち関係のなかでは、いじめと受けとられてしまうこともあります。子どもによっては、成育環境の中で暴力を受けたり目撃したりして身に付けてきた行動パターンである場合もあります。周囲の大人から再三注意を受けたり、子どもたちから拒否されたりして、むしろ被害感を強めていることも少なくありません。

このような子どもたちに対して、子どもの持っている欲求不満やいらだちの要因をさぐり、そのうっ積した感情を受け止めつつ、子どもの自己表現や対人関係の能力を高めていくような対応が求められます。

Case 2 イライラした気持ちを暴力的な態度で表す

子どもへの対応 小さなぬくもりを少しずつたしかに注ぎこみましょう

先生 「どうしたの？」
Y君 「やってないっ！」
C君 「きっとやったんだよ。」
D君 「Y君いつも乱暴だしな。」
先生 「Sちゃんがぶたれたところを見た人いますか？」
全員 「……」
先生 「そう…」
S君 「あの…、当たってないの。ちょっとびっくりしたから。」
先生 「ほっ。S君がきちんと言ってくれてよかった。みんなも見たことだけ言おうね。でも、Y君、なわとびで机を叩いたりすると、当たらなくてもみんなこわい思いをするからよくないよ。」

POINT
1．状況を整理し、事実を引き出しましょう。
2．いけない行為はきちんと正しましょう。
3．担任との一対一の関わりを育みましょう。

継続できるさりげない支援を

給食の前などのちょっとした時間を見つけて、継続できるさりげない援助の工夫を。

2章　友だちやきょうだいに対する行動

相手を執拗にいじめる

　いじめの問題は、いじめられる側の子どもを守ることはもちろんですが、いじめる側の子どもの心の中にも、不安や不満、悲しみや怒り、劣等感などがあることを忘れてはなりません。そこから抜け出したい、目立ちたい、という気持ちはあるものの、自信もなくどうしたらいいかわからないいらだちや不快感を、いじめるという行為によって満たそうとしているのです。

　いじめるという自分にとってマイナスの行動をしてまでも、周囲の人の関心を引きたい、注目をしてほしいと願わずにいられない状況なのです。反発していても、心の底では、あたたかい援助を求めています。

　勉強がわからなくなった、親の期待が重い、親や先生への不満、友だちとの関わりがうまくいかないなど、主な原因となるものへの具体的で十分な支援が必要です。

　また、ちょっとした誤解や行き違いから、差別されたり疎まれたりしていると、自分が思いこんでしまっている場合もあります。こじれることのないよう、子どもの話に耳を傾け、「大人が自分にきちんと向きあってくれている」「つながっている」と実感できるよう、大人の気持ちをきちんと伝えましょう。

Case 1　いじめられっ子が、いじめっ子に

対応　友だちとの心地よい関わりを実感させましょう

■**みんなでいじめを「やらせない」**
- 教師が体でさりげなく視界をさえぎる。
- いじめっ子に話しかけて気分転換。
- いじめられっ子を誘って場所を変える。

■**みんなで「力を合わせてやってみよう」**
- まず、体や手を動かそう。
- いっしょに頑張る実感を持たせよう。
- 周りに合わせる体験。
- 自分の体やリズムのコントロールをおぼえさせよう。

■**安心できる人・居場所をつくる**
- 家：あなたは私の宝物。
- 放課後：部活やコーチとの出会い。
- 自分が認められる場面を実感させる。

POINT
1. いじめをオープンにして学年やクラスの協力を。ただし、本人と親の了解のもとに。
2. 「こまった子になった」より「自己主張できるようになった」「成長のチャンスだ」ととらえましょう。
3. ゲームや遊びなど、限定された場面は動き方やルールがわかりやすいので日常生活や授業で活用しましょう。

臨床心理士から

いじめにおいて、いじめている子どもの背景を見ると、友だち関係がつくれず仲間を求める言動がいじめと受け取られたり、子ども自身がかかえている欲求不満を適切に処理できず、そのいらだちを相手にぶつけたりしている場合があります。相手をねたみ自分が優位に立とうとしたり、相手を思う通りに支配しようとしたりしている場合もあります。排斥感や拒否感から相手を遠ざけようとしたり、いじめ行為が遊び感覚で行われている場合もあります。

このようにいじめている子どもの心理は一様ではなく、個々の子どもの中でも重なり合っています。また、いじめが集団化されている場合は、中心となっていじめている子どもと同調している子どもの心理も同じではありません。いじめている子どもの個々への、あるいは集団への指導にあたり、このような子どもたちの心理を理解した上で、その行為の不当性をくり返し伝えていくことが大切なことです。

Case 2 ぼく、かわいくないのかも……

姉は受験…
弟は入園…

ボクだけかわいくないんだ！

子どもへの対応 親子サインをつくり、日常生活に定着させましょう

■親との一対一の場面や時間を確保する
- いっしょにお風呂：心身ともにあたたまる。
- 買い物のお手伝い：助かるわ。
- 料理のお手伝い：いっしょにできてうれしいわ。
- 肩たたき：ああ、いい気持ち。

■言葉と共に「気持ちのやりとり」を
子「いってきます。」
母「はーい。」
子「『はーい』じゃなくて、『いってらっしゃい』とやさしく言って。」
母「ごめん、ごめん。いってらっしゃい♪ 今日のおやつはホットケーキよ。」

スキンシップを大切に

そんなこと言って！

いってらっしゃい！

POINT さりげないセレモニーを生活の中にたくさんもりこみましょう。

2章　友だちやきょうだいに対する行動

相手の失敗を許せない

　子どもの発達の時期や育ち方によっては、自分のことはさておき、相手の失敗が許せないことはよくあることです。大人が間に立ち、子ども同士のやりとりやつながりを通訳し、プラス思考に転じるようにしましょう。

　「人の立場がわかり思いやりのある子に…」と、ほとんどの保護者がそう願います。対人関係のルールやマナーなど社会的規範は、きちんと教育・しつけられて身につくものです。子どもの成長に合わせて、その時期その時期のしつけをしっかりしていくことが大切です。

　しかし、それが早すぎたり、大人の願望や信条を優先させ偏りすぎたりすると、その思いとは裏腹に子どもらしさや周りとの人間関係を損なうことも少なくありません。やればできる・頑張ればできると追いこまれ、心身ともに余裕を失うと、そのせまい基準に合わない人やもの、さらに自分自身さえマイナスに見るようになることもあります。子育ての中で足りなかったものは何かを振り返ってみましょう。そして、あたたかくしなやかなコミュニケーションに努め、頑張っていてもいなくても、子どもを愛する気持ちに変わりのないことを伝えましょう。

Case 1 勝ちたい気持ちが強すぎて……

> 何やってんだよ！
> おまえのせいで
> 負けたんだぞ！

> オレはあんなに
> がんばったのに…

> ごめん…

子どもへの対応　十分頑張ったことをきちんと認めてやりましょう

K君「……！　あいつが転んだから負けたんだ。」
先生「勝ちたかったのにね。残念だったねえ。でも、K君かっこよかったよ。二人も抜いたじゃない。」
K君「いつもより、必死で頑張ったよ。」
先生「T君が転んだ分、取りもどそうと頑張ったんだね。」
K君「コーナーはむずかしいんだよ。少し、スピード落とさないと……。」
先生「それ、T君に教えてあげて。」
K君「そうする。直線で、全力出すのも…」
先生「K君に教えてもらうと、T君も走るの好きになるよ、きっと。」

友だちの視点を借りて視野を広げる

POINT
1. 認められると気分が安定します。
2. 落ち着くと状況が受け止められます。
3. 「勝つこと」のほかにもめあてを持たせます。視野を広げてあげましょう。

臨床心理士から

親や教師の失敗を許せない場合だけでなく、子ども同士の間でも相手の失敗を許せず相手を責める子どもがいます。子どもの発達のプロセスを考える時、乳幼児期に子どもが親から愛され十分に甘えられ、十分な信頼関係が持ててこそ、相手に対しても相手の立場に立ち思いやることができるようになると考えられます。相手の失敗を執拗に責める子どもの多くの場合、その成育環境のなかでの発達課題が十分に達成されておらず、しかも大人から自分がされてきたことと同じことを相手にもしており、相手を攻撃し責めることで自分の心のバランスを保とうとしているように見受けられます。

まずは子どもの相手を責める言い分を否定せずによく聞き、子どもの思いを受け止めていくことです。その上で、相手の状況も受け止められるように子どもと関わっていく必要があります。

Case 2 正論ママと実力主義パパの間で、ミスを決して許されない

子どもへの対応　親子でいっしょにたっぷり体を動かしましょう

■育てたい力
- 顔を見合わせてうなずきあう体験。
- こまった時のしなやかな対応。
- 気持ちを変える言葉の獲得。

母「たくさん歩いて、いい汗かいたわね。」
父「ここらで、弁当にするか？」
子「ぼく、のどかわいたよ。」
母「あら、シート忘れたわ。」
父「この新聞紙でいいか？」
母「十分十分。助かったわ。」
子「ちょっと狭いけど、何か楽しいね。」
母「シートなくても何とかなるものねえ。のど、かわいたでしょう。はい、どうぞ。」
みんな（顔を見合わせて）「んー、うまい！」

心や頭の中は、外から変えられない。まず体を動かしながらその中で子どもとの関わり方を少しずつ変えていきましょう。

POINT
1. 各年齢に合うだけの、情緒や感性、社会性などについて、親も考え直しましょう。
2. 育て方の方向転換に、急ブレーキやUターンは禁物。遠回りでも、確かな方法を。

期待されていることに反発する

　それまで周囲の人の言うことに比較的従順だった子が、自分に期待されることに反発をしだすことがあります。

　ケース１の子は、入院中の弟の看病に忙しい母親に代わって、掃除や洗濯などの家事を小学校入学以前からやり、中学年からは食事の支度もしていました。中学校入学間もなく、２週間ぶりに帰宅した母親に「ママは本当のママじゃない！」と言い、すべての仕事をしなくなった事例です。

　ケース２は、学級代表委員に指名された男子（中学２年生）が、担任から指示された仕事を放置し、その役割を果たさないばかりか一部の男子と共に、教師にことごとく反発するようになった事例です。

　ケース１の場合は、幼い頃から甘えたい気持ちを押さえ、懸命に頑張ってきたことに限界がきたものでしょう。当初は「助かる」と感謝した親も、いつの間にかそれが当然のことと、彼女の立場への理解と思いやりが欠けてしまったことが考えられます。

　ケース２は、代表委員に教師から指名されたことで、仲間から浮くことを恐れ、反抗的態度にでたものです。その子の友人関係や学級での立場を十分に配慮することが求められます。

Case 1　努力や頑張りに限界

子どもへの対応　子どもの立場を理解し、気持ちを受け入れましょう

■ねぎらい・感謝の気持ちを伝える

■同じ境遇の子たちのグループに参加し、本音を語り、共感し合う

臨床心理士から

　大人から期待されている、大人の期待にそって動いている子どもは、周囲からは高い評価を受け、ますます頑張るということになります。子どもがおかれた状況で選んだ適応のスタイルです。このことは大事なことであり、しつけや社会的なルールを身につけたりするのに必要なことでもありますが、この傾向が過剰な時に問題が起きてきます。子どもは思春期を迎え、それまでの自分のあり方や生き方だけでは適応しにくくなったり疑問を感じたりして、大人である親や教師に、今までのパターンをやめて反抗的な言動をとるようになります。

　それは、さまざまな形で現れます。子どもから親や教師に直に反発するという形もあれば、不登校という形で家庭にひきこもったり、暴力という形で親には刃向かうこともあります。いずれにしても、子どもの訴えに耳を傾け、子どもとの関係を振り返り、その対応を改めていきましょう。

Case 2　仲間から浮くのを避けるために反抗する

子どもへの対応　互いを認め、支えあえる学級づくりを

■学級の人間関係を把握

　教師が学級の子どもたちの人間関係をつかむことは、学級経営の基本です。部活動の仲間（AとBはライバル）、仲良しグループ、孤立している子等々、関係は変化することを念頭におき、観察を怠らないことが必要です。いじめは、仲良しグループ内で発生することが少なくありません。メンバー間の関係の変化を敏感に感じ取り、気になることがあったら一声かけましょう。

■子どもの意見に耳を傾ける
- 先生がなんでも決めるのはイヤダ!!
- 選挙がいい
- やりたい人やったら！
- グループで話し合うのがいい
- すいせんにしたら
- 一学期交替は?!

一人ひとりのよさを認め、伝える

なんでも相手の意見に合わせる

　自分の考えを主張せず、相手の意見に合わせる子や、意思表示がはっきりしないために、人のいいなりになってしまう子がいます。このような子どもたちの言動の背景として、主に次のことがあげられます。

　（1）大人が身の回りのことを何でもやってしまうため、自ら考えて決定する機会が十分に与えられていない。

　（2）失敗体験が重なり、自信を持って発言したり、進んで行動したりすることに臆病になっている。

　（3）人と争いたくないために自己防衛が働き、内向的・消極的な態度を示してしまう。

　これらの子どもたちは、年齢が増すにつれて、わずかですが気になる子として浮かび上がってくることがあります。気になる点として、成長・発達に応じた思考力や判断力、行動力などが育っていないのではないかということや、将来的に、いじめられっ子になったり、イヤと言えず非行グループの手先にされてしまったりする可能性も考えられることなどがあります。

　でも、大丈夫。自分の思いを自信を持って伝え、自ら行動することの喜びを体感することができれば、改善が期待されるからです。

Case 1　思いを伝えられず黙ってしまう

子どもへの対応　自信を持たせ、自分で決める力を身につけさせましょう

　成功体験が少なく自信がなかったり、依存性が高かったりすると、なかなか自分で決めることができません。自分で決めたことを実行することを通して、一つひとつ成功する体験を積むことが必要です。これは時間を要することですが、あたたかく見守りましょう。

先生　「あなたはどうしたいと思っているの？」
子ども　「ウーン…わかんない…」
先生　「うまくいくためには、○○と□□の方法があるかな。他にないかな。」
子ども　「○○じゃない方がいいかな？　□□もいいけど…」
先生　「ああ、□□もいいけど…」
子ども　「△△はどう…かな。」
先生　「新しいアイデアね！」
子ども　「△△でやってみようかな…、そうしょうかな。」

POINT　年齢の関係や言語の発達によってうまく表現できない時は、選択肢を示すことが有効な支援になります。

臨床心理士から

　対人関係の中でトラブルを起こす子どもに比べ、相手に合わせる子どもは心配されることが少なく、むしろ幼少期ではよい子として評価されていることがあります。年齢が上がるにつれて、自信がなく頼りにしている人に決めてもらいたがったり、いじめや非行グループに加担したりして問題視されるようになります。このような子どもは成育環境の中で、過保護に育てられ身の回りのことはやってもらい、自分でやる経験をしてこなかった場合もありますし、「断ることはよくない」「大人には従いなさい」「相手の気分を害することを言ってはいけない」ことを大人との関係の中で学び、自分を抑え相手に合わせている場合もあります。

　子どもと関わるなかで、相手を大切にしつつ自分の意見や気持ちを率直にその場にふさわしい方法で表現できるよう伝えていく、"自分も相手も大事にした自己表現のあり方"を学ばせていきましょう。

Case 2　対立を避け、相手に合わせてしまう

C子「ウン…まあ…」
A子「これでいいよね。」
B子

子どもへの対応　周囲の子どもにも働きかけてみましょう

Aさん「今日は帰ったら、公園に集合しよう。」
Bさん「何時にする。Cさんも集合だよ。」
Cさん「う、うん…。」（今日は図書館へ行きたいんだけどな）
Aさん「じゃあ、みんな3時に公園だよ。」
先生　「Aさん、Cさんが何かこまっているみたいだよ。」
Aさん「Cさん、どうしたの？」
Cさん「……」
先生　「Cさんは図書館で調べるものがあったんじゃない？」
Bさん「えっ、そうなの。」
Cさん「うん…ちょっと…でも公園でいいよ…」
Aさん「なんだ、そうだったの。」
Bさん「だったら、みんなで図書館に行こうか。」
Cさん「ありがとう…。」
先生　「Cさん、話してよかったね。Aさん、Bさん、ありがとうね。」

POINT　自分の思いや考えを素直に伝えあえる「子ども同士の人間関係」を築くようサポートしましょう。

16 自分にそぐわない物を欲しがる

　世の中には、子どもたちにとって魅力ある商品があふれ、お金さえあれば大概の物は自分の物にすることができます。子ども自身がお小遣いなどを計画的に使っていればよいのですが、思いつきや衝動的に購入してしまうことを許していると、子どもの欲求がエスカレートしてしまいます。その結果、金銭にルーズになったり、分不相応な物を欲しがったりすることにつながっていきます。このような行動は、友だちとの交友関係や個人的な不安を物で補おうとする心理、親の経済感覚や親子の愛情関係の問題などに起因するものがあります。

　それらを解決するにはまず、同年代の子どもの様子を観察させることです。子どもといっしょに買い物に行き、「本当に必要なものか」「自分に似合っているのか」「費用の支出の仕方」などを具体的な場面で考えさせ、教えていくことなどが必要です。また、心の不安や自信のなさを物で補おうとしていることが感じられる時には、愛情ある言葉で子どものよさを認め、情緒の安定を図ることがポイントになります。

　学校では、社会科や家庭科、生活科や総合的な学習の時間などで金銭について話し合うことが望まれます。

Case 1　みんなと同じにしていないと不安になる

- 友だちよりもいい物が欲しい。
- 流行におくれたくない。
- みんなと同じにしたい。
- あれもこれも
- あのコマーシャルすてき。
- あの子のまねをしたい。
- 仲間に入りたい。

子どもへの対応　自己のよさや似合うものに気づかせましょう

- **子ども**「これ買って。歌手のMちゃんが持っていて、今はやってるの。」
- **母親**「本当に必要なものなの？」
- **子ども**「友だちもみんな持ってるもん。」
- **母親**「わざわざこれを身に着けなくても、あなたは○○なところが十分に素敵なのよ。」

- ◆ 自分に似合っているのかどうかよく考えさせる。
（本当に必要なものか）
- ◆ 今あるもので代用できないか見直させる。
（物を大切にさせる）
- ◆ メディア広告に惑わされていないか振り返らせる。
- ◆ 望ましい金銭の使い方を学ばせる。

（これ欲しいなあ。／よく考えて。）

POINT　子どもといっしょに買い物に行き、何にどれだけの支払いが必要となるかなどを具体的に教えましょう。

臨床心理士から

　分不相応な玩具や衣服、文房具などを執拗に欲しがる子どもがいます。時には暴力に訴えてでも、自分の思いを通そうとします。保護者も子どもの要求に根負けして応じてしまいます。本当にその品物が子どもにとって必要なものかどうか点検し、保護者がきちんと子どもと向かい合って対処していくことが求められるところですが、その前になぜそれまでにして子どもが欲しがるのか、子どもの気持ちに目を向けたいと思います。本当に子どもが欲しい物であることもあるでしょうが、それまでにして買っても家に持ち帰れば包みも開けずに放り出してあったりもします。

　子どもは心の不安や自信のなさを物で補おうとしたり、親の自分への愛情を確認しようとしたり、友だち欲しさに見せびらかしたりして物でつるため欲しがっていることもあります。そのような子どもの気持ちを受け止めながら対応していきましょう。

Case 2　愛情の欲求を物で補おうとする

- なんとなく物たりない。
- だれかいっしょにいてほしい。
- ちょっとさみしい。
- お母さんやさしくして。
- お父さん遊んで。
- もっと欲しい。
- なんでも欲しい。

子どもへの対応　物質面の豊かさだけでは満たされません

　愛情の欲求を物で補おうとする子どもの成長過程を見ると、愛情を物やお金で埋め合わせをしてしまう大人の態度が見えることが少なくありません。家庭にも、そうせざるを得ない状況があるのでしょう。

　しかし、子どもが物質面の豊かさだけでは満たされないことは周知の事実です。物で愛情の不足を補い、安心しようとする行為は家庭だけの問題ではなく、学校や地域での人間関係が背景にある場合もあるでしょう。周りの大人は、子どものこうした不安を敏感に察知して、こまめに声をかける、スキンシップをはかるなど、精神面での環境の改善を進めましょう。

- …そうお父さんもお母さんもやさしいんだ…
- すてきな髪かざりね

POINT　愛情は、物やお金で代えることができない子どもの心の栄養です。愛ある言葉と態度で接しましょう。

17 仲間から離れて一人で帰宅できない

「また明日ね」と友だちと元気に別れて学校や習い事から帰宅する。これは自然なことのようですが、家族関係や心情面になんらかの問題をかかえている子どもにとっては、一人で帰ることが不安になることがあります。例えば、自分が帰った後、友だちが自分の悪口を言うのではないかと不安になり、一人で行動できなくなったりすることがあります。帰宅しても遅くまで一人で留守番をしている子どもは、さみしさから仲間と離れられないこともあるでしょう。その他、帰宅途中に不審者に声をかけられた、あるいは、事故を目撃したなどのショックを受けた経験があると、それらのことが無意識のうちに一人で帰宅できないことにつながることもあります。ただたんに、仲間といつまでもいっしょにいたいということであれば、生活習慣のけじめの問題もあるでしょう。

いずれにせよ、学校と家庭が協力して原因を把握することが大切です。自分の気持ちをうまく表現できない年齢の小さな子どもとは、いっしょに通学路を歩きながら、その原因をさぐるとよいでしょう。また、必要に応じて相談機関などと連携を図ることも考えたいところです。

Case 1 けじめのある生活意識が低い

- いつまでも遊びたい。
- より道していこうぜ！
- いっしょにいたいだけだよ。

子どもへの対応 きまりを守る態度を、くり返し教えていきましょう

■ けじめのある生活（登下校）をさせる
- より道をせず、決められた道順で登下校させる。
- 遊びながら登下校せず、メリハリを持って行動させる。
- いったん帰宅させ、放課後などに友だちと十分に遊ばせる

■ きまりを守る意識と態度を育成する
- 日常の安全指導の継続と徹底を図る。
- 自己をふり返らせ、自らの行動を見直させる。
- 友だちどうしで注意しあえる関係をつくる。

- なぜ通学路を通るのか…
- なぜより道をしてはいけないのか…
- へえ
- へえ

POINT 子どもの言い分を聞きながら、子どもが自ら考え、その行動を改善する必要があることに気づかせましょう。

臨床心理士から

友だちと別れて一人で家に帰りたがらない子どもを見かけることがあります。

もっと友だちといっしょに遊んだりおしゃべりをしたくて友だちとの別れがたさが伴っている場合や、逆に自分がいない所で悪口を言われるのではないかと思い、仲間から離れる不安感を伴っている場合もあります。子どもから見た家庭のあり方をもう一度見直してみることも必要です。家に帰っても一人ぼっちであるさみしさからきていることもあれば、家族がいても子どもから見て自分の居場所がないと感じ帰りたがらないのかもしれません。甘えからうちの人に迎えにきてほしいと思っての行動なのかもしれません。また保護者との葛藤を避けているのかもしれません。いずれにしても学校と家庭が連携しながら、一人で帰宅できない子どもの思いを受け止めながらの対応が求められます。

Case 2 一人になるのがさみしい

- 帰っても家にだれもいない。
- 一人になるとなんか怖いな。
- わけはないけれどみんなといたい。
- お母さんが帰ってこなかったことがあるんだ。
- 自分一人じゃできないもん。

子どもへの対応　理屈ではなく心情を理解して関わりましょう

■学校で
- 個別に面談を行い、一人で帰宅できない要因をさぐる。
- 下校指導をかねて子どもといっしょに歩き、観察・聞き取りを行う。
- 家庭と連絡をとり、必要に応じて相談機関などとの連携を図る。

■家庭で
- 一日のうちに、子どもと十分にスキンシップを図る時間をとる。
- 家の人の帰宅時刻や、その日の予定などを知らせ、安心させる。
- できる家事は少しずつ子どもにまかせ、自立心をはぐくむ。

はやく帰るからちょっとだけお留守番よろしくね。

うん、だいじょうぶだよ。

POINT すぐには解決できないことが多いので、一つひとつ段階的にていねいに進めましょう。

2章　友だちやきょうだいに対する行動

18 携帯電話が手放せない

　携帯電話の普及は便利さと共に、子どもどうしのコミュニケーションにも大きな影響を与えているようです。友だちとの「つながり」は、学校などに限らず、今やいつでもどこでもできるようになりました。

　子どもの友人関係は成長とともに親密さを増したものになり、自分たちだけの世界を築きたくなります。これは、今は大人になったみなさんも経験したことではないでしょうか。それらを踏まえ、携帯電話の使用を友だちとの交流の場と考えれば、一概に好ましくないとはいえないかもしれません。しかし、時間をかまわず電話やメールをしたり、長電話になったりと携帯電話に依存している様子であれば見すごせません。

　携帯電話が手放せない状況によって、関わり方も変わってきます。携帯電話を使いすぎるという行為そのものについて反省を促す程度ですむこともあるでしょう。それとは別に、携帯電話に依存せざるを得ない理由がある時には、その根本となる問題を解決しなければなりません。その場合には、禁止することに性急にならないで、じっくりと話し合う（話を聞く）ことが大切になります。

Case 1　いつもだれかとつながっていたい

- 親しい友だちがほしい。
- なんとなく安心する。（携帯は心のお守り）
- 仲間に入りたい。
- 仲間どうしの情報におくれたくない。
- ２人だけの秘密を持ちたい。
- 存在をアピールしたい。（確かめたい）

子どもへの対応　一方的に禁止せず、子どもとともに考えましょう

■家庭で
理由を明らかにして、改善策を講じましょう。

- ◆ 習い事などの予定がいっぱいで、友だちとおしゃべりを楽しむ時間がない。
    - ⇒自由な時間を保障するよう日程を見直す。
- ◆ 親に知られたくない学校でのトラブルや異性に関する悩みなどを友だちに聞いてもらいたい。
    - ⇒携帯電話の使用時間などについてルールを決める。
- ◆ 家族関係が希薄で、家にいても孤独感がある。
    - ⇒子どもが求めていることを知るために、ふれあう場と時間を大切にする。

POINT　子どもの気持ちを理解して見守り、共に考えていきましょう。

臨床心理士から

今、話していて別れたと思ったらすぐに携帯電話でその続きを話す、路上で友だちとおぼしき子どもどうしが二人別々に携帯電話でメールをうっている、時間かまわず携帯から長電話をしたりメールをしたりするなど、大人だけでなく子どもどうしの間でも、携帯電話をいつも持ち歩き依存している場合があります。また「信じる」「裏切られた」「嫌い」など、対面ではなかなか伝えることができない子どもの気持ちがメールで真剣にやりとりされていることがあります。

携帯電話の普及は便利さと共に、子ども同士のコミュニケーションのあり方にも、大きな影響を与えています。携帯電話への依存の度合いにもよりますが、「いつもだれかとつながっていたい」という携帯電話が手放せない子どもの気持ちを理解しながら、家族関係の見直しおよび家庭における利用の仕方について、子どもといっしょに考えてみましょう。

Case 2 ほんと、ケータイって便利だよな

- 電話なら簡単に用がすむな。
- 最新のヒット曲をいち早くダウンロード
- いつも新しい情報をつかみたい
- 人と関わるのは面倒だからケータイ使おう。
- 仲間どうしの情報を逃したくない

子どもへの対応　携帯電話の望ましい使い方を考えさせましょう

■学校で

自分で考えさせるとともに、しっかりと教えましょう。

- 社会的なルールとマナーを守って使うこと
  ⇒学校での使用や早朝・深夜の使用、食事の時間帯の使用は慎むことなどをくり返し確認する。家族の共通の認識を形成する働きかけも大切。
- 相手のことを考えた利用を心がけること
  ⇒時間帯などによっては、電話が相手の都合を考えないコミュニケーションの手段になってしまうことに気づかせる。
- 携帯電話の使用にかかる費用の支出について知ること
  ⇒だれが、どのように支払っているのか、むだな支出はないか身近な問題として考えさせる。

携帯電話の使い方について考えてみよう。

POINT　携帯電話を使った犯罪に巻きこまれないよう、自分で判断して危険を回避する力を育てましょう。

19 からかわかれても反応しない

　周りからは、楽しく遊んでいるように見えても、そうでないケースがあります。また、子どもどうしの関わりを見て「おかしいな？」と感じ、真実を聞き出そうとしても、子どもがすぐに自分の気持ちを相手に伝えることがむずかしいこともあります。つまり、今の自分の状態を改善する余裕や方法がわからず、
・これも友だちの遊びなんだ
・大人に言いつけたら仕返しされる
・こんな弱い自分のこと知られたくない…
などと思っているのです。
　気がついた時点で、周りの大人が継続して行動を見ていくことが必要です。しかし、いつも同じ子が笑われたり、責められている状況や乱暴な行動が見え隠れするなど危険な行動に気がついたら、直ちにやめさせて、きちんと指導すべきです。
　子どもたちには、「いい関わりあいをする居心地よさ」と「安全な場所や環境の大切さ」を日々の生活の中で具体的に示し、お互いの気持ちを考えさせながら、教えていかなければなりません。
　学校や家庭で、友だちどうしのコミュニケーションの力を育むゲームを体験させたり、喜怒哀楽を表現する練習を重ねていくとよいでしょう。

Case 1　周りが怖くて何も言えない

（吹き出し）
- 大人に相談したらしかえしされる。だいたい何て言えばいいのかな。大人なんて信用できないしな。
- いやだって言ったら、もっとからかわれるから何言っても仕方ないナ～。もう感じないようにしてよう。
- ゲームに負けてかっこわるいじゃーん。1回休めよ。
- ばつゲームしようよ！

子どもへの対応　自分の気持ちを伝える練習を重ねましょう

■大人と練習する
- 〔ゆったりした会話〕で安心感を持たせる。
- 〔自分のメッセージ〕を届ける会話を子どもに示す

「さっき、君は、楽しかったの？」
「べつに…何も思わない…楽しいし…。」
「そうか…。でも、あまり楽しそうに見えなかったから、心配していたよ。」
「……」
「先生は、あなたが楽しく遊べたらいいなと思っているし、そうしていきたいんだけどどうかな。」

■からかう子どもへの観察と指導
- 継続、悪化させない。
- 仲間どうしの関係を継続して観察する。
- お互いを認めあう雰囲気をつくる。

（イラスト内吹き出し）
- さっき楽しかった？
- いっしょに考えていこうな
- 別に…何とも思わない。
- そっか…でもあまり楽しそうに見えなかったから、心配していたよ。

POINT　子どもの感情を引き出しましょう。いっしょに考えていこうとしている姿勢を子どもに示しましょう。子どもが秘密にしたいことはむりに聞き出さず守りましょう。

臨床心理士から

周りの子どもたちから、からかわれいじめではないかと懸念される事態に、当の子どもは黙っていたり笑っていたりして、周囲の行為がよりエスカレートしていくことがあります。子どもはそのつらい感情を表現せず、むしろ「仕方がない」とがまんし、長期にわたっていじめが継続している中で、無力感やあきらめを持つようになります。一方周囲も、みんなでからかっているからと罪悪感も薄れていきます。遊びやふざけと区別がつきにくくなっていることもあります。

指導にあたっては、長期にわたりからかわれている子どもの心情に共感し理解して信頼関係を築いた上で、子どもに適切な自己表現の仕方を育てていくことが求められます。一方、周囲に対しても、「相手が反応しなかったりニコニコしたりしているように見えても、つらい思いをしている」ことを話し、子どもたちの行為の不当性を伝えていく必要があります。

Case 2　気持ちを表現する経験が少なくて何も言えない

- また、おにやらせちゃおうよ！
- なんて言ったらいいんだろ…でも、楽しくないな…
- だまってるから、ちょうどいいや！

子どもへの対応　気持ちをいっしょに受け止めましょう

■気持ちを受け止めてもらえた子
- 大人　「嫌な気持ちだったんだね。」
- 子ども　（嫌な気持ちなんだ。これが悲しいんだ。）
- 大人　「どうしたのか、話してほしいな。」
- ⇒自分の気持ちを確かめることができる。

■気持ちを受け止められてもらえない子
- 大人　「何しているの？　そのくらいのことで！しっかりしなさい！」
- 子ども　（落ち込んじゃいけないんだ、しっかりしなくちゃ。）
- 大人　「えっそんなことされて、なんでだまってたの？」
- 子ども　（みじめだな、もうはずかしくて話したくないな。）
- ⇒叱られないように自己防衛して気持ちを出さなくなる。

◆ 怒り、悲しみ、喜び、さみしさ、自信など、感情の起伏が生まれる経験を増やせば、相手もこんな気持ちかな～と、相手の感情にも気づくようになります。

POINT　大人に相談してよかったと思える反応が大切。「がんばって」とか「しっかり」という言葉を安易に言わないようにしましょう。

2章　友だちやきょうだいに対する行動

20 いじめられても自分で改善しようとしない

　大人は、いじめられている子どもから目と心を離さずに、解決するんだという前向きな気持ちで、子どもに寄り添うことが大切です。人をいじめる行為は、決して許されることではありません。いじめてしまう子どもへは暴力阻止の指導と行動観察や個別の話し合い、家庭状況を把握し、原因となる要素をとり除くなどの方策を万全にすることが重要です。と同時に被害にあった子どもの心のケアが大切です。

　しかし、いじめられた記憶がつらくて、相談もせず、さまざまな感情を押し殺して、改善をしない生活に慣れてしまう子どももいます。いやだという気持ちを伝えたくても、次にもっと、いじめられることが怖くて、いじめを断ち切ろうという気持ちやエネルギーをまったく生み出せないでいるケースもあります。また、いじめられていることを知られたくないという、子どもなりのプライドもあるでしょう。

　自分がかけがえのない存在であるということを、子ども自身に実感させることが必要です。子どもの自信や愛情を育てて、自分や相手を大切にする生き方を身に付けることが必要です。まずは、生きる意欲やエネルギーを充電する状態にもどすことが課題となります。

Case 1　自分に自信を持てないでしょんぼりしている

> 成績…よくない。
> スポーツ…できない。
> 友だち…うまくつくれない。

> だめでばかな自分だからこうなるんだ。もういいや…

子どもへの対応　「どんな時も味方だよ」という気持ちで支援しましょう

■心を休める場所と時間の保障をする
- 得意なことをさせる。
- いっしょに遊んで楽しむ。
- 気分転換を提案する。
- 自然とふれあう。

■いじめられたことだけを無理に急がせて質問しない
- つらい経験を話すのは、苦しいという気持ちを受け止める。（子どものつらさを想像して、聞く）

■いっしょにいて、味方になって支援する
- 大切な存在であることを伝える。
- どんな話もよく聞く。
- よいところを認める。

×
> どうしたの？
> それであと何されたの？
> 言って！
> 叱られてるみたい…

○
> …そう。何があっても応援するから。
> 君のこんなところがステキだね。
> ぼくのこと大切に思ってくれてよかった。言えてすっきりしてきた。ほめてもらえて元気になれた。

POINT　「味方がいる」という安心感が生まれれば、その安心感から「この状態を維持していきたい」「いいことあるかも」という前向きな感情が生まれてきます。「味方」であることを伝えましょう。

臨床心理士から

いじめられている子どもの多くは、その事態をつらく嫌なことと受け止めていても、年齢が上がるにつれて周囲に訴えない傾向が見られます。教師や保護者に訴えた結果がむしろ逆効果になったこれまでの経験から、援助を求めることをあきらめていることがあります。「いじめられる側にも原因がある」という考え方が大人だけでなく子どもの間にも浸透し、いじめを認めることは自分の至らなさを認めることになり、自分のプライドを守るためにその事実を隠そうとします。仲間からはずれたくない気持ちが強く、いじめを訴えないことで仲間としての証を示したいと考えていることもあります。

このようないじめに抗えないさまざまな子どもの気持ちに共感・理解し、今まで子どもなりに頑張り努力してきたことを認め支持してあげることから、改善の一歩が始まります。

Case 2　どうせ変わらないとあきらめている

> いじめられているなんて自分がはずかしくなる…気づいてほしくないよ
> どうせまた、先生のいないところでもっとやられるからだまっていたい。
> がまんするだけで毎日クタクタ。
> がんばって耐えてるんだ。
> 何も感じなければ楽だろうな。つらい気持ちもうれしい気持ちもいらないんだ。

子どもへの対応　前向きな気持ちが生まれるように支援しましょう

■自分の気持ちが出せるように、会話の練習をする

「ほっとする言葉」「勇気がわく言葉」を発信しましょう。大人自身もコミュニケーションをトレーニングすることで、子どもの気持ちを深く考え、理解し、癒せるようになります。

- 子どものつかれた心を受け止める。
- 「がんばって！」と言わない。
- そのままの子どものよさ受け止める。

■クラスの友だち関係を修復し、環境をよくする

- 善悪の判断を明確にし、公平な指導を心がける。
- いいことは、どんどん認める。
- 「ありがとう」「ごめんね」をすぐ言える雰囲気づくり。

あなたも大事なクラスの一員です

> きのうは、カゼでお休みだったけど、だいじょうぶですか？
> 心配してたのよ。
> よくなった？
> あ、ありがとう

POINT　自信をつけさせ、大事な一員であるメッセージを送りましょう。大人も素直な気持ちを発信するよう心がけましょう。

21 人に会うのをおっくうがる

　人に会うことをおっくうがることを、問題行動ととらえずに、「相手の気持ちを敏感に感じられる子」という受け止め方はどうでしょう。ただ、その子の気持ちは、人に会うことで、傷ついたり、怖くなったりするマイナスの刺激や感情で、いっぱいになってしまうだけなのです。いやな経験をくり返さないために、精一杯の自己防衛をしているのです。この場合の行動は「自分を守る」または「ちょっと待って」という子どもからのSOSではないでしょうか。思春期に見られる抑うつや無気力によるひきこもりも、同様の意味があると考えられます。無理に外に出しても、事態の悪化につながりかねません。

　また、相手や自分の気持ちがわからない子どもや、少ない語いでその不安を表現できずにいる子どもにも人に会うことがおっくうになるといった傾向があります。

　どの場合も、人とよりよくコミュニケーションをとる方法がわからないことが原因といえます。このままでは、人格の形成をする上で支障をきたしてしまうかもしれないので、人とふれあうことで得られる安心感や楽しい体験を普段の生活の中で増やしていくことが必要になってきます。長びく場合は専門機関への相談も必要です。

Case 1　人に会ってもつまらないしめんどうだよ

> 一人でいた方がよっぽど楽だよ。人に会ったって楽しくないし。

子どもへの対応　プラスの感情を身近な人から増やしましょう

母親	「会いたくないんだね。今いやな気持ち？」（想像した気持ちを伝える）
A君	「なんか、頭が痛くなる…。」
母親	「会おうとすると、頭がずし〜んて感じ？」（想像した気持ちを伝える）
A君	「話しかけられること考えると、痛くなる…。」
母親	「この前も話してそうなったの？」（何でも相談にのるよというスタンスで）
A君	「うん、答えを言えなくなって頭が痛くなった。」
母親	「答えられなかったのね。どんな質問だったの、聞いていい？」

◆ 時間がかかっても、否定しないで聞くうち、解決の糸口が見えてくるはず。

POINT
1. おっくうだという気持ちを受けとめ、大人の都合を言うだけの会話を改めましょう。
2. かんたんな体験から少しずつ関わる練習をしてみましょう。（短時間、人に会う、つきそう）
3. 日常のよいことを具体的にほめましょう。（「…してくれて助かったよ」「うれしいよ」）

臨床心理士から

人と会うことをおっくうがるということは、人（社会）と関わりを持とうとしないということにもつながります。その原因をさぐる際に大事なことは、子どもがこれまでに、また現在、人との接触をどれだけ持ってきたか、持っているかということをふり返ってみることです。人（社会）との関係は、子どもによってさまざまです。子どもが過去または現在に、少しでも人（社会）との関わりが持てていれば、あまり心配しないで見守ることが大切です。今の子どもの状態を、「こまったことである」「問題である」ととらえずに、相手の気持ちを敏感に感じとる子どもが、これまでに受けた対人関係のストレスを回避して自分を維持しようとしている自己防衛の現れと見ることもできます。

まずは家族との関係において、その関わりが「自分を脅かすものではない」と安心できる時間になるようにし、ゆっくり時間をかけて、人と交流する楽しさを経験するよう関わっていきましょう。

Case 2　自分の気持ち、相手の気持ちがわからない

何か嫌なことを言われたら…どうしたらいいんだろう。自分のことを聞かれるとわかんなくなっちゃうんだ。

…わかりません。

別に…

何でもいいよ。

子どもへの対応　楽しめることを増やしていきましょう

- 一人でやりたいことがある場合は、とことんやらせて、その子の幸せを肯定して見守る。
- 人と会うために安心できるいろいろな方法をいっしょに考えてみる。一人ではできなくても、話しているうちにいろいろな方法があることに気づき、勇気が湧いてくる。

■不安にならないように、事前に安心できる約束を話しあって決めておく
⇒会う人数を少なくする／気の合う人とのかかわりをくり返す／短時間だけ会うようにする）

■お手伝いなどで働くことを共にする
⇒会話、関わりあいの増加

■心のスイッチをいつもオンにせずオフ（休む）ことを教える
⇒人との会話で、気ののらない時があってもいいんだということを教える。またそんな時は無理に心をオンにせず、適当に聞き流せる（心をオフにする）力もつけていく。

よく知っているね。すごいな。

お父さんもやってみたいな。

今度山に虫とりに行こうか。

POINT
1. 人とのふれあいによって癒される機会をできるだけ増やしてあげることを心がけていきましょう。
2. 心のエネルギーは好きなことをしている時に蓄えられることを理解してあげましょう。

22 インターネットにはまっている

　インターネットはおもしろいし、便利です。パソコンさえあれば、居ながらにして必要な情報が手に入り、知識欲も満たしてくれるのですから魅力的です。メールやチャットを使えば、いつでも友だちと交信できるし、ブログ（簡易ホームページ）などの登場で自己表現の機会も大きく広がりました。面と向かって言えないようなことでも、インターネットを媒介として大胆に表現することができます。インターネットは正しく使えばとても便利なツールです。

　ところが、使い方を誤ると思いがけない事故や犯罪に巻きこまれてしまうこともあります。インターネットにはまっている子どもには、節度を守った活用の仕方を改めて考えさせたいものです。

　学校では、情報教育として情報活用モラル（ネチケット）の向上のための指導を行っています。しかし、パソコンが普及し、家庭でも子どもたちが自由にIT機器を使いこなせる現在では、もはや学校の指導だけでは充分でありません。インターネットの望ましい使用については子どもたちの健全育成のためにも家庭をはじめ広く社会全体で考えていかなければなりません。

Case 1　とにかくおもしろくてやめられない

- とにかくおもしろい
- 知らない人と出会える
- ゲームや音楽など新しい物がどんどん手に入る
- 無料サイト満載

子どもへの対応　情報活用モラルに関する教育を徹底する

便利で役立つインターネットの活用
- 豊富な情報を瞬時に得られると共に、即時的な対応ができる
- コンピュータを媒介とした表現力（コミュニケーション能力等）が向上する
- 適切に利用することで、より豊かな生活（趣味を含む）を築くことができる

インターネットの危険な落とし穴
- 誹謗・中傷などの書きこみによる人権侵害が容易に起こりやすい
- 特殊なサイトへのアクセスにより、高額請求や架空請求の被害が発生する
- 個人情報の流出などに関連して、不正情報を送受信し犯罪に巻き込まれる

「インターネットを使う時は、どんなことに気をつけたらいいかな？」

「あやしいサイトだと思ったらクリックしない。」

POINT　パソコンからの情報を正しく理解し、使いこなせる力を身につけさせましょう。

臨床心理士から

インターネットの普及に伴い、情報検索やコミュニケーションの広がりということだけでなく、人の心に影響をもたらすことについても話題になっています。とくに子どもの場合、危険な刺激や情報にさらされる機会が増えることだけでなく、パソコンの前に長時間座り仮想現実に浸りすぎて、日常生活から現実感が喪失することが懸念されます。インターネットが持つ匿名性からも、日常生活では見せることができないマイナスの感情が噴き出しやすい傾向も見られます。

しかし同じインターネットの環境に過ごしながらも、はまる子どもとはまらない子どもがいます。その世界にはまりやすい場合、その幼少期からの成育環境の中で現実世界に生きがいを感じられず、ネットの世界の方の魅力が大きくなっているとも受け取れます。家庭の中で親子の交流を深め、現実生活の中で子どもが生き生きした感情を表現できるような機会を増やしていきましょう。

Case 2 もう一人の自分を楽しむ

- だれから返事がくるかな。
- 一人で楽しみたい。（コミュニケーション能力のなさ・人と関われない）
- いつもと違う自分になってメールしよう。（他人を装って大胆に現実逃避・仮想世界で遊ぶ）

子どもへの対応　子どもの世界を尊重しながら慎重に対応しましょう

■こんな対応に要注意！

父親　「最近インターネットを使いすぎじゃないか。何をしているんだ。お金だってかかるんだぞ。」
子ども　「うるさいなぁ。勝手に部屋に入るなよ。」
父親　「親に対してその態度はなんだ！」
子ども　「…（うるさいなあ）…」

心配のあまり、通信の内容を無理に聞き出そうとしたり、盗み見をして、注意したりしてはいけません。親として心配していることを率直に伝えること、子どもといっしょにパソコンを使い、体験を共有することなどを通して、親子で何でも話し合える関係をつくりましょう。
心因的なこと（ひきこもり傾向など）が懸念される場合は、学校や相談機関などとの連携が有効なケースもあります。

（まだやっているか。）
（うるさいなぁ。）

POINT　インターネットの使用を制限しただけでは、本当の解決にはなりません。ネットの世界以外の楽しい体験をさせる機会をいっしょに増やしましょう。

23 外で遊ばない

親であれば子どもの学校での様子が気になるものです。

「うちの子は引っ込み思案だけど、友だちいるのかしら…」

「うちの子は運動が苦手で、今日も外で遊ばなかったみたいだわ…」

と心配になるのは当然のこと。子どもに尋ねても、十分な返事はかえってこないことも多いので、余計に気になりますね。

低・中学年の子どもの遊び相手は、クラス替えや席替えなどで変わりますから、一時的に遊ばなくなったのであれば心配いりません。しかし、子どもの表情や体調が優れなくなったり、その状態が長引いたりするようなら、様子をよく見ながら、担任の先生に学校での友だち関係などを相談することも必要です。

また、好んで外で遊ばない子どももいます。外に出ても一人で虫を見つけたり、みんなの輪の中に入ろうとしない子どももいます。この時の子どもの表情はどうでしょう。好きなことに熱中して、とても明るい表情をしているのではないでしょうか？

子どもは、いろんな表情を持っていますから日頃から子どもを多角的に理解するよう心がけましょう。

Case 1 友だちに声をかけられない

「入れてくれるかな…」
「断られたらどうしよう。」
「いつ声をかけようかな。」
もじもじ

子どもへの対応　遊べる環境をつくり、コミュニュケーションの練習をしましょう

先生「外に出ないの？　本を読むのが好きなのかな？」
A子「本が好きだから…」
先生「でも、外に出るのも気持ちいいんじゃないの？」
A子「別に…楽しくないし、どうせ入れてくれないから…」
先生「聞いてみたらいいんじゃない？」
A子「どうせ、いやって言われるから、いやだよ。」
先生「断られるのを心配しているみたいだね。」
A子「だって、言いにくい。」
先生「いっしょに練習していこうか。慣れてくればきっと言えると思うよ。」

■安心して外で遊べる環境をつくるために
- クラス全体をひらけた雰囲気に！
- 仲間に入れるように支援をする。
- 友だちどうしのトラブルをそのままにせず共に解決していく。
- こまったら相談できる雰囲気をつくっていく。
  （子どもからの訴えを公平に聞く。）

「先生と練習してみよう。」
「入れてー」
「もう少し大きな声だと聞こえるよ。」
「入れてー」
「よし、今の言い方なら大丈夫。」

臨床心理士から

子どもが外で遊ばないことを問題として保護者から相談されることがあります。同じ外遊びであっても友だちといっしょのこともあれば、一人遊びのこともあります。もともと外遊びを好まず家の中での遊びを好む子どももいます。また外遊びが好きな子どもが、友だちとクラスが変わり一時的に家の中でゴロゴロしていることもあります。

要は、場面のちがいや友だちの有無というよりも、子どもが遊びの中で好きなことに熱中し、生き生きと過ごせていることが大切です。遊びとはそういうものです。むしろ「子どもはかくあるべき」と、好ましい子ども像にとらわれている周囲の大人のこだわりが気になります。しかし、外で体を動かして遊ぶこと、友だちといっしょに遊ぶことの楽しさを経験することを否定することではなく、むりのない形で誘ってみることも大事なことです。

Case 2 外で遊ぶ自信がない

- 子どもは外で遊びなさい。
- 野球でしっぱいしたらはずかしい…
- いやだよ外に出たくない。

子どもへの対応 楽しく思える体の動かし方をいっしょにさがしましょう

■子どもが自信を持てる好きなことをたくさんさせてあげる

■自分が楽しく思える体の動かし方をいっしょにさがす
- 音楽で体を動かす。(心の解放)
- 親子でできる動かし方。

■集団遊びやゲームをやって遊びの輪に入る体験を少しずつ増やしていく
- 子どもどうしのコミュニケーションを育むゲーム。
- 自然の中での活動。(キャンプ、山登り等)

自分のせいで負けちゃってはずかしい…自信ないから楽しくない…

すごい!とれたね。

やった!

次もとるぞ!

POINT 遊んでいてトラブルが起こっても、あわてずに受け止めましょう。解決する方法をいっしょに考えていく姿勢で子どもを見守りましょう。

24 集団になじみにくい

学校生活では、家庭という家族だけの小社会と異なり、同世代の子どもが多数いる大きな社会に参加することになります。ここでは集団生活を送る上で必要なルールとテンポにのって生活することが求められます。また、子ども相互の人間関係は、大人と子どもといった立場や役割の明確な者どうしの人間関係と異なり、相互の立場がつねに流動的で、かつ複雑です。その中で、子どもなりにその場に応じた役割を担っていくことが求められてきます。

集団になじみにくい子どもの背景を考える時、大きく二つの背景が考えられます。

一つは、引っ込み思案の子どもです。新しい環境や集団に対して緊張が高く、自分の方から環境や新しい人間への働きかけに自信のない子どもがいます。もう一つは、いらだちやすく感情統制の苦手な子どもです。自分の予定や意図しない事態に遭遇すると、強い不安やいらだちが生じ、情緒的に不安定になったり、トラブルを起こしたりしてしまうことがあります。その子どもが、本当に集団に入りたいかどうか、集団行動を円滑にできるかをよく観察することが重要です。

Case 1 みんなと遊びたいな……

- みんなにいじわるされないかな。
- どう言ったら友だちになれるかな。
- 友だちになってくれるかな。
- ドキドキ
- みんなと遊びたいな。
- でも嫌われないかな。
- さそわれたらどうしたらいいのかな。

子どもへの対応　無理のないステップでサポートしましょう

- 先生が、遊び相手、話し相手になってその子の学校での安全基地になる。
- 集団に入れないことを否定せず、その状態の子どもを受け入れる。
- 先生が、友だちとの付き合いの方法を示す。
  「○○ちゃんいっしょにあそぼう。」
  「○○ちゃんの番だよ。次は私だよ。」
- 言語化して明確化していく。
  「○○したいのね。」「○○っていうことを言いたいのかな。」
- 先生が、言葉を添えていく。
  「○○ってもいいんだよ。」
  「○○っていえば、わかってもらえるよ。」

先生がコミュニケーションのお手本を

「次はA君の番だよ。」
「えっ？パス？オーケー。じゃ先生の番だよ。」

POINT 集団になじめないことを否定的にとらえてはいけません。その子が「今ある自分でいいのだ」「今の自分を受け止めてくれている人がいる」というメッセージを受け止められるように、あせらずに、その子どもが求めているサポートを。

臨床心理士から

　集団になじみにくい子どもといっても、その背景はさまざまです。一人で行動をすることに満足していてまだ集団に入ろうという気持ちが弱い子ども、集団に入りたい気持ちはあるが引っ込み思案で自分から働きかけていくことに自信のない子ども、そして集団の中での感情統制が苦手であったり情緒的に不安定になったりしてトラブルを起こす子ども、などです。

　まずはその子どもの集団への関心と、子どもの成長・発達の視点から見た子どもの人間関係の持ち方の様子を見極めながら、個々の子どもに応じた集団への関わりを持たせていくことが大切なことです。すぐには集団にとけこむことができなくても、その子どもなりの集団への参加の仕方を肯定的に受け止め、集団の中で子どもが「楽しかった」「心地よかった」「うれしかった」という体験を積み重ねていかれるような関わりを持てるよう配慮することが大事なことです。

Case 2　なんでだよ！　さんすうだったじゃないか！

「3時間目の算数は体育に変わります。」

自分の意図しないことに遭遇すると強い不安を表出する

子どもへの対応　情報をキャッチしやすい方法を工夫し、見通しを伝えましょう

■**信頼できる関係づくりから**
　自分の苦手なことを理解してもらえるんだという安心感を持たせる。

■**安全で穏やかな環境づくり**
　刺激の少ない静かな環境の整備。叱る時も穏やかに冷静に。

■**ルールや指示は明確に**
　ルールはできるだけ明確で、実行可能なものに。

■**予定は明確に**
　変更がある場合は前もって予告する。終わりがいつか、終わったあとのことなども予告。文字や絵で予告すると効果的。

■**集団行動をする時は個別の声かけを**
　そばに近づいて小声で指示し、プライドを傷つけないようにすることも大切。

前もって明確な指示を

「3じかんめは「たいいく」になります。」

POINT　子どもの行動パターンが変化するには、長い時間が必要です。感情的にならずゆったりと待ちましょう。

25 人の嫌がることを平気で言う

　人の嫌がることを平気で言って、友だちを傷つけたり不快な思いをさせる子がいます。なぜ、このようなことをするのでしょうか。

　"攻撃は最大の防御"と、相手を先に攻撃することで自分の身（心）を守ろうとする場合や、日頃、親や周囲の大人から責められ、罵倒されたりしていると、自分より弱い相手に対して、自分がされたと同様の態度をとる場合があります。

　一方、相手を攻撃するつもりはなく、自分の言葉が相手を傷つけている自覚のない子がいます。それは、広汎性発達障害のある子たちで、社会性や想像力に障害があるため、周囲の状況を読めなかったり、相手の気持ちを推し量ることができず、相手を傷つける言動をしていることに気づかないのです。

　前者へは、相手の心情への思いやりを育てて人の嫌がることを言わない態度を養うと同時に、互いを認めあえるあたたかな人間関係を築けるよう援助が必要です。

　また後者には、社会性や人とのコミュニケーションスキルを育てる関わりを意図的に行うことが基本となります。

Case 1　ストレス発散のため暴言をはいてしまう

子どもへの対応　あたたかな関係を築き、他者への思いやりを育てましょう

先生「B君は『ヘタクソ』って言われてどう思った？」
B君「頭にきた。」
先生「B君は『頭にきた』って。それを聞いてA君どう？」
A君「だってヘタだからヘタって言ったんだ。Bのエラーで負けちゃったしサ…」
先生「A君の言い分聞いてB君どう？」
B君「エラーしたのは悪かったけど、あんな言い方ないよ。」
先生「そうか。B君はああ言ってるけど、A君が失敗した時『ヘタクソ』とか『ヤメチマエ』とか言われたらどう？」
A君「……ヤダ」
先生「そう。イヤか…。B君もヤダったと思うよ…」

（よいことを具体的にほめましょう）
「掃除の道具をきちんと片付けてくれてありがとう。とても助かったよ。」

POINT　トラブル（けんかなど）が落ち着いて当事者が少し冷静になった時に話し合いましょう。

臨床心理士から

　ケース1のような場合、家庭でも心の居場所が見つからずストレスをため、その不満のはけ口が学校での言動となっていると思われます。子どもが学級の中で受け入れられるためには、まずは教師が子どもとの信頼関係を築いていくことです。その上で、人を傷つけたり嫌がられるような形でしか対人関係が持てない子どもの表現の奥にある「自分のことをわかってほしい」「本当は友だちと仲よくしたい」という子どもの気持ちに焦点を当て、集団の中で受け入れられるような表現の仕方を子どもといっしょに考えていきましょう。

　ケース2のような軽度発達障害が疑われる子どもも含めて、最近対人関係のスキルの不足が目立つ子どもが増えています。相手を大切にしつつ自分の意見や気持ちをその場にふさわしい方法で表現できるよう、コミュニケーションスキルを育てていく、個々の子どもに応じた関わりも求められます。

Case 2　思ったままを口に出してしまう

C君：「先生のあご、どうして二つあるの？」
C君：「ねえねえ、D子さんて小さくて太ってるネ。」

子どもへの対応　社会性やコミュニケーションスキルを育てましょう

先生「D子さんが『いじめられた』って泣いてたけど何があったの？」
C君「『小さくて、太ってる』って言っただけだよ。本当のことだよ。」
先生「本当のことかもしれないけど、D子さん、言われたくないことだと思うよ。」
C君「ヘエー、そうなの…」
先生「体の特徴とかは、他人から言われると嫌なものだから、言わないのがマナーなんだよ。これからD子さんにはどうしたらいい？」
C君「小さいとか太ってるとか言わない。」
先生「そうだネ、先生もネ『あごが二つある』って言われるといい気分がしないんだ…」
C君「フーン…」

先生「あのね、D子さんと先生の今の気持ちは、こーんな感じ」

POINT 書いて説明することも視覚的な手掛かりとなり効果的。自閉的障害がある子であってもくり返しの対応が必要です。

26 校則を破る

　校則を破って、学級の秩序を乱す子がいます。なぜこのような行動をとるのでしょうか。これには、集団の中で自分の存在を周囲に認めさせようとし、マイナスの形で発信している場合があります。校則を破ることで、自分は「強いのだ」ということを、まわりにアピールしているのです。仲間内で自分の存在を誇示するために、わざときまりを破ってしまうこともあります。また高学年になると大人や社会への不満を発散するために、わざと反発している子もいます。

　このような子どもに対しては、その子のプラス面のよい存在意義を認めたり示したりしてやること、自分のプラス面を気づかせる関係をつくることが必要です。

　また発達に障害があり、校則を理解していなかったり、社会性が未発達だったり、あるいは自制心が十分に育っていなかったりするため、周りのことを考えずに自分の欲求にしたがって行動してしまう子もいます。このような子には、きまりを細分化したり視覚化したりしてきまりをわからせ、きまりを守ろうとする気持ちを持たせることが必要です。

Case 1　持ってきてはいけない物を持ってきて見せびらかす

（わあ〜見せて、見せて！）
（学校に持ってきてはいけません！）
（えっ、なんで？）

子どもへの対応　プラス面をみんなの前で認めましょう

■みんなの前で、その子のプラス面を認める
先生　「A君は、マンガを描くのが得意です。」
B君　「へーっ。かっこいい！」
C君　「すごいんだね。」
先生　「A君は、新聞作りに力を出しています。」
B君　「えらいね。」
C君　「僕もやってみよう！」

■いけないことは、個別にきちんと話す
◆ 校則違反などを見つけた場合はその場では注意するにとどめ、後で個別に話し合いの機会を持つ。

（A君、係の仕事忘れずにできるところ、すごいと思うよ。マンガ持ってくるのはダメだよ。）
（うん、わかってるよ。）

POINT　みんなの前で怒ったり、ただ禁止するだけでは改善できません。

臨床心理士から

学校は集団生活をする場である以上、当然校則があります。そして、校則を破り学校の秩序を乱す子どもがいます。思春期の子どもたちを見ると、「みんなに合わせたくない」「みんなと違う自分を見せたい」など、集団の中で自分の存在を周囲に認めさせようとしている様子が見受けられます。「制服での登校」が校則である時、私服で登校する子どもに対し教師との間で対立することがあります。子どもは校則に反発しているわけで、もし「登校は私服でも可」と言われれば、子どもは一人制服で登校するかもしれません。

校則は、教師が「ここから先は絶対だめ」「このことは絶対だめ」と毅然と子どもと向き合う壁の意味があります。反発する子どもの言い分を聞くことは大事なことですが、絶対に動じない壁であってこそ、安心して反発することもでき、子どもは反発しながら成長していくことができます。

Case 2 きまりより、自分の欲求を優先してしまう

授業が始まりますよー。

だってこのシュート決めてから…

子どもへの対応 きまりを守る気持ちを育てましょう

■必要なきまりを細分化して、できたら○をつけるなど目に見えるようにして確認する

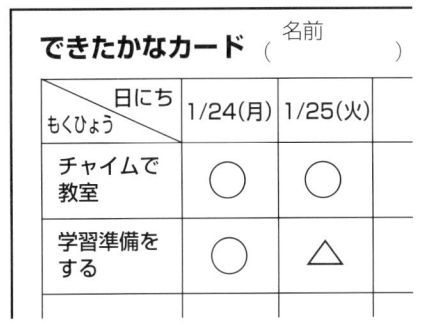

できたかなカード	名前（　　　）	
日にち／もくひょう	1/24(月)	1/25(火)
チャイムで教室	○	○
学習準備をする	○	△

今日はこんなに守れましたね。

ワーイ　明日もがんばろう！

POINT　きまりが守れると気持ちよく過ごせることを確かめ合いましょう。

3章　学校や勉強に関する行動

27 教科書をなくしたり道具を壊したりする

　教科書や学習用具をなくしてしまっても平気でいたり、道具や公共物を壊して不満やストレスを解消したりする子がいます。

　なくしても平気でいる原因としては、物に無頓着で整理ができない場合があります。また、「片付けが苦手」という傾向の障害を持つ子もいます。

　一方、思春期になり、つねにイライラした気持ちを物にぶつけて解消しようとする子もいます。また自分の気持ちを周りの人がわかってくれない、あるいは気持ちをうまく言葉で表現できないため、物にあたって壊してしまう子もいます。

　整理が苦手な子には、収納場所別にラベルを貼ったり、整理の仕方を教えたり、手伝いながら片付ける方法を教えたりしていくことが必要です。

　周囲にあたる子へは、イライラの解消の仕方をいっしょに考えたり、気持ちを表現する言葉を教えたりしていくことが必要です。また、周りの子が言葉の足りない子のことを理解していけるように、なぜ物にあたってしまったのかなど大人が気持ちを解説してあげることが必要な場合もあります。

Case 1　整理や片付けができない

（終わった人は片付けましょう。）
（ハーイ）
半紙
（野球しようぜー）
（こっちへおいでー）

子どもへの対応　いっしょに片付けながら、整理の仕方を教えましょう

■学校で
- 具体的に片付けの方法を教えましょう。

■家庭で
- 持ち物の片付けをいっしょに手伝いながら、見守りましょう。
- 使ったものは元の場所にもどすことをくり返し教えましょう。

（机の中は、右側に教科書やノート、左側には道具箱とお便りファイルを入れておくのよ。）
（ハーイ、ほんとだ。取り出すのが楽にできる。）

POINT　学校と家庭の両方で片付け方を教えていきます。

臨床心理士から

子どもによっては大事な教科書や学習用具をなくしてしまったり、破いたり壊してしまうことがあります。その行為が意識的行為か否かによっても、子どもへの対応は異なります。物に無頓着であったり整理や片付けが苦手であったりする場合は、学校と家庭で連携しながら整理の仕方や片付け方を教えていくことも必要でしょう。

一方、自分のイライラしたり落ち着かない気持ちを物に当たって解消しようとしている様子が見受けられる場合は、その行為を注意したり叱責したりしてもますますエスカレートしていくだけです。そのような行為に走った子どもの気持ちを理解しながら、違う形での対処の仕方もあることを子どもといっしょに考えていくことが求められます。また、注意力不足や自分のイライラの発散の場合だけでなく、意識的に特定の教科書をなくしたり道具を壊したりする場合もあり、その行動の背景にも目を向けていく必要があります。

Case 2　先生に叱られると、物にあたる

先生「B子ちゃんが悲しむような事して、A君失敗したね。」
A君「へっ！やったのはおれだけじゃねえ！」

子どもへの対応　自分の気持ちを言葉で表現することを教えましょう

■気持ちが落ち着いた時に、ゆっくり教える

「A君はこんな気持ちだったんでしょう？！じゃあ「おれはこう思った」って言えばいいんだよ。」

「そんな時、けとばさなくても、他の解決法はないかな。」

「うーん…口で言えば良かった…」

■解決の方法をみんなで考えましょう

先生　「A君は、くやしい気持ちだったんだって。しわくちゃにしたり、けとばしたりするのは悪いことだけど、気持ちはわかるよね。そんな時、みんなだったらどうする？」
子ども　「A君にやめてって言えばいいんだよ！」
子ども　「けとばさなくても、『おれじゃない』って言えばいいよ。」

POINT　A君への理解を他の子に広げると共に、他の解決法を考えさせたり、声かけの方法を教えたりします。

3章　学校や勉強に関する行動　59

28 学校のことを話さなくなる

　親から見ると、今までいろいろと話していた子が急に学校のことを話さなくなり、心配することがあります。原因としては、いくつか考えられます。

　一つには、成長の過程で自我の発達とともに内面をさらけ出さなくなるので、これは深く詮索しすぎないことが大切です。10〜12歳（5〜6年生）くらいに多く見られます。少し離れて見守っていく姿勢が必要です。

　二つ目は、親が相手をせず「いつも聞いてくれないので、話す気持ちがなくなった」という場合です。これは大人が日常からゆったりと聞く姿勢を持つことで、解消していきます。

　三つ目は、嫌なことがあったので触れてほしくないと思う時、四つ目は「先生やうちの人はわかってくれない」という不満を持っている時です。三と四については、ていねいな聞き取りが必要です。気持ちのリラックスしている時に、日常の会話を増やすように心がけましょう。身の回りのことばかりを聞き出すのではなく、話題になっているニュースや大人のかかえる悩みなどから、子どもなりの解決法や考えを尋ねてみるのも、一人前に扱われているようでうれしいものです。

Case 1　一人で悩んでいる

　仲のよかったB子ちゃんが、この頃、仲間はずれにする。
　何て言ったらいいかなあ…

　私だって、いやな仕事をひきうけたのに、C君は「いやだ」って言って、帰ってしまった。
　いつも私ばっかり損している…

子どもへの対応　親子の日常会話を増やしましょう

◆ いっしょにお風呂に入った時や食事の時間など、気持ちのリラックスしている時に、親子の会話を増やしましょう。

- 興味のあるゲームや本について
- 学校での係や委員会活動、クラブ活動など
- スポーツやおしゃれ、習い事など

　昨日は、学校から帰るの遅かったね。
　この頃、B子ちゃんとあんまり遊ばないね。
　うん、だってね…

POINT　子どもに対して"あなたに関心がある"と伝わるような言葉かけをしていきます。

臨床心理士から

　思春期を迎えるころから、子どもは親からの心理的自立を求め、反抗的な態度をとったり、親を避けたりするようになります。学校のことを話さなくなるのも、その一つの現れと見ることができます。わが子が成長した証と考え、あまり学校のことなど詮索せずに心理的距離をおき、子どもを見守る親子関係のあり方が大切です。

　ただし家庭での子どもの様子から、学校のことを話題にしないことが不自然に感じられる時があります。学校でいじめられている子どもが、教師だけでなく親に対しても身構え、「自分で解決しなくては」「親に心配をかけたくない」「いじめられていることは恥ずかしい」「せめて家では普通の子どもでいたい」などの思いから、親を避け学校のことを話題にすることを避けようとすることがあります。このような場合、子どもの気持ちに配慮しながら、周囲ときちんと向かい合い対処していくことが求められます。

Case 2　目に見えて話を避けている

どうせ、言ったって「忙しいから後にして！」って言われる。

私の気持ちをちっともわからずに怒ってばかりいる…

子どもへの対応　子どもなりの気持ちや考えを大切にしましょう

- 自分自身を含めた大人のこまっていること、人生の悩み事などを話しながら「あなたはどう思う？」「あなたならどうする？」と自分の考えを話す機会を多くしたり、ゆっくり聞く時間をとったりする。

- 大人や他の人の話をしながら子どもの悩みごとが話せるような機会を増やす。

お母さんは、その時どうしたらいいかわからなかったけど、A子ならどうする？

うーん…

私なら…

POINT　一人の人間として尊重しているという姿勢を伝えましょう。

29 宿題や提出物を急に出さなくなる

　決められた提出物を出さない子がいます。何度催促してもなかなか出そうとしなかったり、言われた時だけさがすそぶりをして後は忘れてしまったりという子もいます。なぜなのでしょう？

　集中力がない、または他のことに夢中になっていて話を聞いていない場合があります。また学力不振のため、やり方がわからずどうしていいかこまっているうちに提出し遅れてしまったり、忘れてしまったりする子もいます。あるいは、友だち関係などの悩みを持ち、やるべきことに意欲がわかない場合もあります。

　一方、学校からのお便り類の整理が苦手だったり、親が子どもの学校生活に無関心なため、連絡が届かなくても気づかないといったことが考えられます。

　子どもが原因の場合は、聞けなかったりわからなかったりする原因を取り除くような関わりが必要です。集中して人の話を聞くことをていねいに教えていきましょう。家庭環境が原因の場合は、まずお便り類の整理の仕方を教えるとともに、家庭との日常の連絡を密にして、学校のことや子どものことに対して関心を持ってもらうことも必要です。

Case 1　話を聞かず、他のことに夢中になる

> これができた人は名前を書いて提出します。

> あのゲームの攻略法は…

> B君がいやなことするけどどうしたらいいかなあ。

子どもへの対応　集中して聞く方法を身につけさせましょう

- 大切なことについては、自由帳などにメモをとって聞く習慣をつける。

- やり方がわからない子には個別にアドバイスして、いっしょに考えたり、ヒントを出したりする。

- 悩みをかかえていて、話が耳に入らないと思われる子には、個別に声をかけ、話す機会を増やす。

> 最近、元気がないみたいだけど、どうした？

臨床心理士から

宿題や提出物を催促されてもなかなか出さない子どもがいますが、その背景は、子ども側、親側共にさまざまな要因が考えられ、それぞれの状況に応じての対応が求められます。その中で、急にそのような兆候が見られる時があります。学習の遅れが目立ちはじめたり、家族関係や友だち関係の中で子どもが不安をかかえ情緒的に不安定になったりして、今までやれていたこともできなくなったり、やれていたことを放棄してしまったりすることがあります。

その子どもの行為を叱責する前に、その背景にある子どもの思い、そのような行為をとらざるをえなくなった経緯にも目を向けていきたいと思います。

Case 2　家庭に学校からの連絡が届かない

「家からのお返事のプリントを集めます。」

「あーっ 渡してなかった！」

子どもへの対応　親にも関心を持ってもらうように働きかけましょう

- お便りや配布されたプリントの整理を手伝い、整理の仕方を教える。

- 日頃から、よいことがあった時に知らせるなど、家庭との連絡を密にし、子どもの学校生活に関心を持ってもらう。

「お便りをを入れるファイルを出しましょう。」

3章　学校や勉強に関する行動　63

30 字が急に雑になったり小さくなったりする

　ノートの字が急に雑になったり、ていねいには書いているものの、極端に字が小さくなったりする子がいます。原因として、どのようなことが考えられるでしょうか。

　自分のやりたいことや、やらなくてはいけないことが多くありすぎて整理がつかなかったり、学校や家庭での生活でストレスがたまっていたりして、字が雑になることがあります。

　また、何かで失敗をくり返してしまったり、友だちとの関係がうまくいかなかったりして、自分に自信が持てなくなり、それが字の大きさに表れてしまうというケースもあります。

　いずれの場合も、気持ちが不安定になっていることのサインとして見逃せないことですが、本人が意識できていない場合が多いものです。周りの大人が変化を敏感にキャッチし、サポートをしていく必要があります。

　まず、字が雑になっている自分、小さく書いている自分を、本人に気づかせることが重要になってきます。その後、あたたかい雰囲気の中で対話を重ね、計画的に生活するための援助をしたり、自信を持たせたりすることが状況の改善につながります。

Case 1　イライラして字をていねいに書けない

（吹き出し）
- 宿題出してないし…
- 部屋を片付けろってお母さんに言われていたっけ…
- C君と仲直りしなくちゃ…
- どうしよう

子どもへの対応　やるべきことに優先順位を決めて取り組む力を育てましょう

先生「B君のこの字、いつもと何か違うねえ」
B君「そう、別に」
先生「ちょっと前のこのページと比べてごらん。やっぱり少し違わないかなあ」
B君「……」
先生「前の時と今日とで、何か気分は違ってた？」
B君「…少しイライラしてたかもしれない。」
先生「そうかあ。じゃあていねいに書けなくても仕方ないね。何でイライラしてたのかなあ？」
B君「よくわからないけど…。C君とけんかしたままだし、やらなくちゃいけないこともいっぱいあるし、家でもいろいろ言われるし…」
先生「なるほどね。まず、何からやったらいいかな。いっしょに考えてみようか？」

（吹き出し）何からやろうか？しなければならないことを書き出してみようか。
あれもこれも…

POINT　いつ、何をするかを明確にするために、箇条書きでメモしたりするとよいでしょう。

臨床心理士から

　小学校高学年ごろの女の子たちの集団の中で、一人字体をくずしてノートに書いたりすると、他の子どもたちも同調し、その子どもの字体を模倣したりすることが見られます。また相談を受けている時にも急に子どもの書く字が雑になったり極端に小さくなったり、筆圧が弱くなったりすることがあります。相談担当者としては、絵や字の上手下手ということではなく、全体としての印象を重視し、子どもの描く絵あるいは字などから、今の子どもの心の安定の様子を推測することがあります。このような字体の変化は、子どもの気持ちが落ち着かず不安定になっている一つのサインとしてとらえられるのではないでしょうか。

　まずは子どもに関わる大人が、学校や家庭での子どもの様子に気を配りながら、性急に直接、そのことを取り上げるよりも、子どもが情緒的に不安定になっている、原因である背景に目を向けるようにしましょう。

Case 2　のびのびとした大きな字が書けない

子どもへの対応　自分の行動に自信を持たせましょう

■**まず、日常生活の様子をよく観察しましょう**
- 友だちとの関わり方は？
- 学習の成果は？
- 当番や係活動への取り組み方は？
- 日記の内容は？

■**あたたかい対話の中で自信を持たせましょう**
- 「いつも見守っているよ」というサインを送り続ける。
- できていることを具体的にほめる。

■**大きく書くための具体的な支援をしましょう**
- 「とてもよい内容のことが書いてあるね。できれば字はこのマスいっぱいに書いてみて。読みやすいよ。」
- 意図的に原稿用紙を使う。分数など、2行どりで書かせる。
- 「このぐらい大きく書いてくれるとうれしいな。この方がCさんらしくていいね。」

POINT　いじめや虐待など、大きな問題が背景にないかどうかも注意が必要です。

31 勉強をしなくなる

テストで立て続けに悪い点をとる、急に成績が下がるということがあります。振り返ってみると、授業中の課題をやり通していないとか、それまでコツコツとやっていた予習・復習をやらなくなったなどという状況が続いていることが思い当たります。

勉強をしなくてはいけないということは十分にわかってはいても、自分から進んで計画的に学習を進めていくことはなかなかむずかしいことです。友だちと遊んでいたい、ゲームがしたいなどといった気持ちが先に立ち、宿題や勉強を先延ばしにしてしまうということは、よくあることです。

また、努力をしているつもりなのに思ったような成果が表れなかったり、必要以上に友だちと比較したりして、自分の力を過小評価してしまい、「やってもむだだ」と投げやりになってしまう場合もあります。

前者の場合、自分がやりたいこともしているという満足感を持ちながら、計画的に時間を使わせることが重要です。後者の場合には、徐々にでも成果が表れるような取り組み方をしていけるように支援する必要があります。

Case 1 あとでやるってば！

子どもへの対応 無理のない計画を立て、生活リズムをつくりましょう

■学校から帰宅した後の時間の使い方について見直してみましょう
- 親もいっしょになって「計画表」をつくってみる。
- 曜日ごとに時間の使い方を計画してみる。
- 好きなことをする時間も保障する。
- 毎日の生活リズムをつくれるようにする。
 （5時には遊びから帰る！／宿題は入浴前！／ゲームは1日30分！／ねる前に読書！／など）

■子どもにとっての「楽しさ」を認めましょう
- 学校生活や友だちとの遊びの様子をよく聞き、楽しいと感じている気持ちに共感する。
- 休日などを利用して、家族で楽しめる時間を増やす。

POINT 「〜しなくてはダメ！」という押しつけだけでは、かえってストレスがたまります。

臨床心理士から

保護者にとって、勉強に関することは大きな関心事です。一方、子どもも、周囲からの勉強へのプレッシャーで、テストや成績の結果で自分のすべてを評価されているような印象を受けていることがあります。子どもにとって学校は生活の大半を過ごす場所でありますが、そこで、勉強ができない自分に自信をなくしたり、本来できていたこともやろうとしなくなったり、勉強に対する拒否感を持ってしまったりすることがあります。

とくに家庭においては、教科の学習などで今できないこと、しようとしないことにあまりこだわらずに、子どもの興味のあることや関心のあることをさせる、できれば親もいっしょに付き合って楽しい体験を増やしていくことです。そして教科の学習を始めるにあたっても、子どもが取りかかりやすい所から始め、できた所をほめてあげましょう。大切なことは、勉強を楽しむ雰囲気と子どものペースを守ってあげることです。

Case 2 どうせやっても…と投げ出してしまう

子どもへの対応 成果につながる学習方法を身につけさせましょう

■テストを返した後などに
先生「このところあまり調子がよくないみたいだね。」
C君「別にオレ、このくらいでいいし、どうせやってもたいして変わらないから…」
先生「授業中とか、家での勉強とかしっかりできてる?」
C君「あまりちゃんとやってないかな。」
先生「やらないで出た結果で自分の力を判断するのはもったいないと思うけどなあ。しっかりやっていた時もあったもんね。」
C君「ウ〜ン…」
先生「例えば、今日の漢字テストの前にどんなふうに勉強したかなあ? ただ何回も同じ字を書いた? どうせやるならさあ…」

POINT 具体的なアドバイスをして、成果を実感させましょう。

3章 学校や勉強に関する行動

32 集中しなくなる

　授業中によそ見やおしゃべりばかりしたり、何となくボーっとしている様子を見せたりする子どもがいます。また、それまで一生懸命にやっていたことに集中できなくなるような子どももいます。

　軽度の障害があって集中することが困難であったり、体調不良が影響していたりする場合を除けば、やはり生活の中にある原因に目を向ける必要があるでしょう。

　気分的に疲れてイライラしている、気になっていることが頭から離れないなどということが原因として考えられる場合には、まず、ゆっくりと話を聞く必要があります。聞いてもらえたという安心感を与えたり、子どもといっしょになって問題解決の糸口をさがしたりすることが重要です。

　とくに悩んでいることはないのに集中しなくなることもあります。課題が困難で解決に向けての気力が湧かない、つい周りのことに気をとられるなどといった子どももいます。このような子どもには、集中しやすい環境を整え、スムーズに学習を進めていけるようにする支援が必要となります。

Case 1　気になることがあって集中できない

子どもへの対応　悩み解消に向け、一歩踏み出したことを実感させましょう

先生　「Cさん、今の時間ずっとため息ついたり、よそ見してたりしたね。集中できない？」
Cさん　「ウン…」
先生　「図工の時間もそうだったみたいだね。A先生も心配していたよ。何かあったのかな？」
Cさん　「ちょっとBさんと気まずくなっていて…」
先生　「いつもあんなに仲がいいのにねえ。それは気になるだろうなあ。」
Cさん　「早く何とかしたいとは思ってるんだけど。」
先生　「きっとBさんも同じように思っているよ。先生にできることある？　それとももう少し自分で頑張る？　今のCさんを見てると先生も苦しいんだ…」
Cさん　「そうなんだあ…。頑張ってみるよ。」
先生　「そう。何かあったらすぐ言ってね。」

POINT　その後も「どう？」と声かけを続けると効果的。

臨床心理士から

　集中力に欠けることが、とくに学習の際に問題視されがちです。集中力の習慣形成の基礎は、幼少期からの情緒の育ちが影響すると考えられます。大人が子どもの自立や意欲に関心を示し、安定した楽しい経験をさせることが、その後の学習場面への興味を覚える基礎になります。集中力が欠ける契機は、教師や友だち関係での緊張や不安、家族の心配ごと、親の勉強への強制や叱責、学習の達成度、勉強以外のことへの熱中、勉強の意味など価値観の変化などが考えられます。

　何か心配事があると思われる場合は、子どもとゆっくり話し合いましょう。要求されている水準が高すぎる場合は、その水準を下げ、子どもが「できた」という達成感を持つことです。他のことに関心がある場合は、子どもが興味を持っているものを大切にし成就感を経験させることです。集中力を育てる基は情緒の安定であり、そのためには子どもに関わる大人のあたたかい支えと励ましが必要です。

Case 2　課題に向き合えず、他のことが気になる

さっきの休み時間さあ…

ねえ、次は何やるの？

子どもへの対応　集中する経験を重ね、自分でやり通す力を育てましょう

へぇ、しっかり書けてるねえ。

■課題や役割を見直してみましょう
- 集中できる課題、できない課題を把握する。
- パターン化された簡単な課題や役割を与え、取り組ませる。
- わからない、できないと感じている課題はやり通すための手順を伝える。

■環境を変えてみましょう
- 席を変えてみる。
- 学習内容によってグループを変える。
- 係や委員会の活動をいっしょにやる。

POINT　集中してやり通せた内容を具体的にほめましょう。

33 塾をさぼったり部活動をやめたりしてしまう

　今まで真剣に続けていたことを急にやめてしまい、大人を驚かせる子どもがいます。「あれだけ夢中になっていたのに…」と周りは戸惑うばかりです。なぜ、やめたいと思うようになったのでしょう。

　練習がきつい、ほかにやりたいことがある、遊ぶ時間が欲しいなどといった理由で今やっていることをやめてしまいたいと思うことがあります。ほかにやりたいことがあるという場合、自分なりによく考え、明確なめあてや計画性を持っていることもあります。何となく行くのが面倒くさいのか、しっかりとした根拠があるのか、親子でよく話し合い、十分に考えを確かめた上で方針を決める必要があるでしょう。

　一方、その習い事や部活動そのものは好きなのに、やめてしまいたいと思うこともあります。続けていてもあまり成果が上がらなかったり、同じ集団の仲間や指導者との人間関係がうまくいかなかったりすることを原因として、続ける意欲を失ってしまうような場合です。この場合、やめるということは何の問題解決にもならないことを理解させ、前向きに状況を改善していけるように支援することが必要になります。

Case 1　友だちと遊びたくて塾や習い事をさぼる

「みんないいなあ…さぼっちゃおうかな…」

子どもへの対応　自律する力と計画性を育てましょう

母親	「今日、どうして塾に行かなかったの？」
子ども	「…もう塾とか行きたくないんだよ。」
母親	「どうしたの？　塾で何かあったの？」
子ども	「だって、ほかのことやる時間とかないんだもん。」
母親	「ほかのことって、例えばどんなことかな？」
子ども	「友だちと遊んだり、テレビ見たり…」
母親	「そうかあ。塾に行くよりもその方が楽しいものね。<u>でも、今日どうするべきだったか本当はわかってるんじゃないのかなあ。</u>」
子ども	「……」
母親	「<u>友だちと遊ぶ時間は、その時間しかなかったのかな？</u>」
子ども	「そんなこともないけど…」
母親	「いつ遊べるか考えてみようか。塾のことを気にしないで、思い切り遊べるといいよね。」

「冷静に冷静に。」

「友だちと遊ぶ時間は、その時間しかなかったのかなあ？」

POINT　感情的にならず、あくまでも冷静に。

70

臨床心理士から

　小中学生は、比較的せまい地域が生活圏となっており、部活動や塾がいっしょであることが学校内の友だち関係にもつながっていることが少なくありません。ほかにやりたいことがある、あるいは塾や部活動の内容が子どもにとって続けることがむずかしくなっていたりするなど、やめたくなる理由が明確な時は、子どもを責めたり説教するという形ではなく、その言い分も聞きながらよく話し合ってみることです。子どもに関わる親や教師の思いも伝えながら、お互いに納得した形での結論を出したいものです。

　またその理由がはっきりしない時があります。友だち関係など、子どもに関わる人間関係を引きずっていることが少なくありません。なかにはいじめがからんでいることもあります。子どもはその理由を言いたがらないこともありますが、子どもの様子をよく観察し、状況によっては大人が介入することも必要になってきます。

Case 2　人間関係が嫌で、部活動をやめたがる

「ミスが多すぎ。」
「生意気なんだよなあ。」
「やめちゃえよ。」

子どもへの対応　問題を見極め、解決しようとする態度を育てましょう

D君「先生、ぼく、サッカー部をやめたいんですけど。」
先生「どうしたの、急に。何でそう思ったの？」
D君「先輩にいろいろ言われるのが嫌だし、どうせこのまま続けてもレギュラーにはなれないし…」
先生「…よかったあ。」
D君「えっ!?」
先生「いや、君がサッカーを嫌いになったのではないことがうれしかったんだよ。サッカーは好きか？」
D君「それは好きですけど…」
先生「好きなことをやめる必要はないよね。続けるためにどうしたらいいか考えてみようよ。まずは先輩との問題かな。どんなことを言われるのか教えてくれるかな。レギュラーになれるかどうかは、君の努力次第だぞ。」

「スキだけど…」
「好きならやめる必要はないぞ。」

POINT　理由も言わずやめてしまう場合も多いので、日頃からの人間関係の観察と声かけが重要です。

3章　学校や勉強に関する行動

34 登校をしぶる（小学生）

　不登校はだれにでも起きうることという認識が一般的になりました。しかし、現実には、担任する学級で不登校の子がでると教師は、戸惑います。また、登校をしぶる子どもの様子に、親は「どうして！？　なんでうちの子が…」と、混乱します。

　学校に心が向かない状況の背景には、親やきょうだいとの関係、先生や友だちとの関係、どんどん進む勉強がわからない、何かきっかけとなる出来事が起こった等々、さまざまなことが考えられます。小学生、とくに低・中学年での不登校で多いのが、「分離不安」からくるものと、「甘やかされ型」といわれるものです。

　「分離不安」は、親から離れることへの恐れから登校をしぶるものです。親や家族の愛情が自分に注がれていること、自分が愛されている存在であることを実感できれば、比較的短期間に回復します。一方、「甘やかされ型」は、家では自分の欲求のほとんどが通る状況にあり、学校の集団生活でのさまざまな規制や、友だちという他者とのトラブルにうまく対応できず、それを避けて、自分の思い通りになる家にこもってしまうのです。自己コントロールや人間関係を築く力の育成が必要で、家庭では子への関わりの見直しが求められます。

Case 1　ライバル出現で不安定になってしまう

> ヤダーッ
> ママがいっしょじゃないとヤダーッ

子どもへの対応　親の愛情を確認させましょう

■下の子が生まれると、家の人はどうしても赤ちゃんに目を向けざるをえません。しかし、今まで愛情を一身に受けていたのですから、子どもとすれば一大事です。忙しくとも上の子にも目をかけ、親の愛情を再確認させましょう。

- いっしょにお風呂に入って、今日一日のことを話す。
- 添い寝をしたり、本を読む。
- 赤ちゃんだった頃のアルバムをいっしょに見て、その頃の話をする。
- 赤ちゃんの世話を一緒にする。
- 手助けに感謝のことばを伝える。
  「ありがとう、お姉ちゃん。ママも助かるわ！！」

臨床心理士から

　小学生段階での不登校の場合、程度の差はあっても不安を感じやすかったり、緊張しやすかったり、また対人関係に敏感な子どもたちが多いように思われます。そのため、不登校の初期における対応には配慮する必要があります。まず子どもに対しては、登校しないことを責めたり登校を強要したりしないようにし、見守るようにした方がよいでしょう。とくに、子どもは「こまった事態が起こるのではないか」という予期不安をかかえていることがあります。

　そのような場合、「心配ない」「大丈夫」「頑張りなさい」と励ます対応ではなく、小さな心配ごとにも子どもの不安に対しても丁寧に付き合い、いっしょに考える姿勢が大切です。また、こんな時は不安や緊張が高く、少しでも自分が脅かされたと感じると関係が保てなくなってしまうことが多いため、子どもを脅かさない距離を保ちながら、家庭と学校が連携し、子どもに関わり続けていくことが求められます。

Case 2　葛藤を避け、家で好きなことだけをする

子どもへの対応　友だち関係など社会性を親と共に育てましょう

■**学校（教師）は、親と相談して友だち関係を育てる**
- 朝、友だちが迎えに寄る。
- 放課後や休日に友だちと遊ぶ。
- 学校で役割を与え、居場所をつくる。

■**親は、学校（教師）や相談機関などに相談する**
- 子どもをどう育てたいのか。また、どのように接したらよいかこまっていることを率直に話す。
- 関わり方の助言をもらう。
- 両親が一致した態度で子どもに関わる。

「子どもへの関わりを見直してみましょう」
「一人でかかえこまないで。」

3章　学校や勉強に関する行動　73

35 登校をしぶる(中学生)

　当たり前のことですが、子どもが登校をしぶるのは学校のどこかに嫌なこと（不快な感情になること）があるからです。親の養育のあり方や本人の性格傾向との関連も考えられますが、現実に登校をしぶっている場面においては、その要因をさぐることより、まず本人の学校生活をイメージすることが重要です。その子が、学校に身をおくことによって起こる憂うつや不安、おそれなど、本人が不快な感情と葛藤していることに注目し、ケアを図っていくことが求められます。

　ケアの基本は、本人の中に起こっている不快感を増大させたり脅かしたりしないようにして、先生や家族、友だちなど、関わる人との関係の中で安心感を得られるようにすることです。

　そして、この不快な感情を取りのぞくために、次のようなケアをしていくことが求められます。一つは、その子どもの耐性（その場にふさわしい行動をとるためにしたいことを我慢する力と遠い目標達成のためにしたくないことをあえてするようにする頑張る力）を育てること。もう一つは、社交性（うまく人と関われる能力）を育てること。それらの力を育てることで、乗り越えることができます。

Case 1　耐性が不十分のため登校をしぶる

子どもへの対応　ていねいな支援で小さな成功体験を積み重ねましょう

- どんなことが学校生活で不快なことであるのか、聞き役に徹して聞いてみる。
- どういう状態になったら「しあわせ」であるか聞いてみる。
- してはいけないことをすること、しなければならないことをしないことによるその生徒の「損」「得」を共に考えてみる。
- やれそうなことは何かを考えさせ、親や先生にしてほしいことは何か聞いてみる。
- 「がんばれ」ではなく、具体的なアドバイスをする。
- 小さな取り組みを絶えず応援し、小さな成功を喜び、伝えあう。
- 中学生段階では、先生からの直接援助より、仲間関係をつくるように心がけ、その関係の中で成長できるよう配慮する。
- 何かに取り組む子どもに、「何かしてほしいことはあるか」「何か気になることがあったら声をかけて」というようにいつでも協力する姿勢を伝える言葉を折々にかけていく。

POINT　子どもが頑張る側で、それを励まし、援助し、小さな成功を喜ぶ存在の人がいることが、何かに向かって頑張る耐性を培うのです。

臨床心理士から

2005年度の学校基本調査によると、年間30日以上学校を欠席した小・中学生は、全国で約12万人おり、大きな社会問題となっています。そのうちの約8割が中学生です。中学生段階における不登校の半数は、小学校段階からその傾向があると言われており、その経過も長期化していることが多くなっています。

そのため、不安や緊張感が高く対人関係に敏感な面を持っており、また学業への意欲に欠け無気力で怠惰な行動が目立つ子どもたちが多く見受けられます。学校としては受容的に関わり子どもや保護者との関係を築き、登校状況の改善につなげていく具体的な手だてが求められます。子どもが自分の意志や気持ちを表現でき、いやな時にはノーと言える関係を築けるようになった時が、積極的に働きかけるチャンスです。家庭と学校が連携しながら、子どもを受けとめる受容的な関わりと、登校や生活指導の面で、強く誘ったり押し出したりするなどの積極的な関わりを柔軟に行っていく必要があります。

Case 2 社交性が未発達のため登校をしぶる

仲間と気まずい関係になっちゃった。
約束したこと本当は断りたいけど、どう断っていいかわからいない。
話題が合わなくて、人と話が続かない。
明るく振る舞いたいのに暗い感じになっちゃう。
無理やり自分をみんなに合わせているだけで楽しくない。
人前に出て話をすると思うだけで緊張してしまう。
自分の悪いところは謝って、あの人にも悪いところは謝ってほしいけど…
年齢の違う人となら何でもないのに、同年齢の人とはうまく付きあえない。

子どもへの対応　大人の支援でソーシャルスキルを身に付けさせましょう

- 「元気で明るい子」がよいという大人の価値観を見直してみる。
- さまざまな場面で先生の方から積極的に関わりを持つ、声をかける。
- さりげない形で仲のよい友人を近くの座席に配置したり、本人を支える。友人を同じグループにして活動させるなどの配慮をする。
- こまった状況がないか注意して見守り、声をかけていく。
- 困惑している様子を感じたら、気持ちや事情を聞き、いっしょに考える姿勢で接する。
- クラスの一員として受け入れられ、存在を認められる体験ができるだけ多く持てるような役割や場の設定を意図的に工夫する。
- 大人が、その子どもにとって心地よい関わり体験の相手となる。
- 挨拶の仕方、うなずき方、謝り方、折り合いの付け方など、先生が人との関わり方のモデルを示す。
- その子が適切な対応をした時に、賞賛したりほめたりし、自信を持たせる。

肯定的なフィードバッグで自信を持たせましょう

さっきのホームルーム、A子らしい意見で感心したよ。

がんばってるな

ハイ

POINT　適切な対応をした時、周囲から好意的な反応を受けた体験の多さが、ソーシャルスキルをより洗練されたものにしていきます。

36 髪型が決まらないとかんしゃくを起こす

　思春期になり、おしゃれに関心を持つようになるとだれでも服装や髪型に気をつかい、登校前の鏡の前でのしたくにも多くの時間をかけるようになります。その時間の大半が、眉毛と髪型を整えることだといわれています。

　自分の容姿に強い関心を持つのは思春期の一般的な特徴ではありますが、時には朝食の時間を割いてでも思い通りの髪型になるまで鏡とにらめっこをしたり、思い通りにならないと、洗面台の上に乗っている整髪料やコップを床にたたきつけるなどのかんしゃくを起こしたり、「こんな髪じゃ学校に行けない」と言って部屋に閉じこもってしまう子もいます。

　このように過度に人の目を意識し、髪型や服装を気にする背景には、「人に不細工だと思われるのではないか」「ださい（かっこわるい）と仲間に入れないのではないか」など、自分自身への自信の喪失が考えられます。

　人の目が気になる子どもの気持ちを受け止めながらも、「あなたはカッコいいわよ」「あなたには、人にはないよさがあるよ」と言うメッセージを子どもに伝えることが大切です。

Case 1　もぉ〜、こんな髪型じゃ学校に行けない！

子どもへの対応　いつも味方であることを伝えましょう

■穏やかに話しかける

母親　「どうしたの？　髪型が（思うように）決まらないの？」
K子　「……」（無言で一心に髪にドライヤーを当てている）
母親　「お母さんもくせ毛で苦労したわ。親子って似ちゃうのね」
K子　「……」（無言で一心に髪にドライヤーを当てている）
母親　「朝ご飯、食べやすいようにおにぎりにしておいたから、食べていきなさい。」

POINT　「いい加減にしなさい！」「もうそれでいいじゃない」などの大人の一方的な決めつけは、子どもが、「どうせ親に話したってわかってくれない」と思ってしまうことにつながり、かんしゃくや不登校の引き金になりかねません。でき上がった髪や自信を持っていそうなところをあげてほめてあげましょう。

大人の一方的な決めつけは逆効果

臨床心理士から

　思春期になり、自分の容姿に関心を持ち、おしゃれにも気をつかうようになります。一部の子どもたちの間では髪型や体型、服装などの外見が、人間の価値の大部分を占めていると思いこんでいる風潮も見られます。その中で、とくに髪型に対して過度にこだわり、自分の思い通りにならないとかんしゃくをおこし親にあたったり、登校をしぶったりする子どもがいます。大人から見ると「いいかげんにしなさい」と言いたくなり、「学校に行きたくないからわざと髪型に執着しているのではないか」とかんぐりたくもなります。子どもは「大人は全然自分のことをわかっていない」と思い、親子間の確執はエスカレートしていきます。

　人の目を意識し過度に髪型などにこだわる場合、自信を失い心に余裕がなく、心の中の不安感を抑えるための行為と見ることができます。叱ってやめさせようとしても効果はなく、子どものおかれている状況を理解することから解決の道をさぐっていきます。

Case 2　友だちの目がとても気になる

（ぼくの悪口言ってるんだ…／どうしよう……）

子どもへの対応　母親からのプラスのメッセージを

- 周りの大人が真剣に子どものよさを見つけ、そこが好きであるという大人自身のプラスの感情を表現することが大切。
- 子どもが無反応であっても、周りの大人の言葉は、届いているはずです。あきらめないでくり返し言いつづけましょう。
- 「教室にはってあるお習字、堂々としている字でお母さん気に入ったわ。○○ちゃんのが、一番輝いて見えたよ」など、率直に伝えましょう。
- 「友だちが何と言っても、お母さんとお父さんは、○○ちゃんが一番好きよ」など、親の思いを言葉に出して伝えましょう。

（習字、りっぱだった。）

POINT　親に愛されていると感じさせることが自信回復の鍵。

4章　身体に関する行動

37 自己臭を過度に気にする

母子分離不安により不登校になりかけていた小学校1年生の子が、担任の先生のアイデアによりママのTシャツをポリ袋に入れて登校し、登校しぶりを乗り越えた事例があります。

このように人には、その人固有のにおいがあり、懐かしさを呼び起こすよりどころになったりもします。

ところが今、部屋のにおいやトイレのにおいを消すスプレーが出回っているばかりでなく、便そのもののにおいを消す内服薬も発売されており、子どもどころか大人までもが「におい」に敏感になっています。

自己臭が強くなる思春期になると、自分のにおいに過度に敏感になり、自己臭を消そうと必死になる子どもが見られます。このような子どもたちに共通しているのは、「人にくさいと思われて嫌われるのではないか」などの自信のなさから人の目を気にする傾向です。

子どもに自信を持たせる対応を心がける一方、口腔衛生など身体を清潔に保つ方法を教えることが必要です。生き物にはみんなにおいがあって当然です。親子で自然にふれあう機会を持ち、生命の香りを感じる体験を重ねることも大切です。

Case 1 友だちに「くさい」と言われるのではないかと気にする

私、やっぱりくさいんだ…

きゃー

ねえねえ○×△□…

子どもへの対応 生きている物には、みんなにおいがあるのです

■生きているものには、必ずにおいがあり、そのものらしさを形づくっていることを日常生活の中で折りにふれ、さりげなく伝えます。

- 「どこからだろうキンモクセイのにおいが漂ってくる。秋ね。」
- 「桜茶飲む？」「いいかおりね」
- 「U子ちゃんのにおい、お母さん大好き。万一何かの事故に遭ったとしてもお母さんは、あなたのにおいを頼りにきっと探し出すからね。」

いいにおいだね。

えっ？

POINT 「においは生きている証」という価値観に気づかせることも大切。

臨床心理士から

　一般に思春期になると体臭が強くなりますが、自分というものを強く意識するようになるこの時期とも重なり、自分のにおいについても敏感になります。子どもによっては過度にそのことを気にして、自分の身体からいやなにおいが出て周囲に迷惑をかけたり嫌われたりしているのではないかと心配し、人前に出て話をすることなどを極端にいやがります。においの内容は、汗や口臭、便やおならなどです。家庭内ではそれほど気にせず、学校など外で周囲に人がいる状況下で訴えることが多く見られます。

　自分のことよりも周囲を気にする対人関係に敏感な子どもが多く、身体的原因をさがし医療機関を受診する子どもも少なくありません。子どもの訴えに耳を傾けながら、症状そのものに焦点を当てるというよりも、子どもとの信頼関係を築き、緊張をほぐし、子ども自身が自分に自信を持てるような対応が大切です。

Case 2　消臭スプレーに依存する

子どもへの対応　身体の清潔に心がけましょう

- 食後の歯みがき、外から帰った後のうがい、手洗いに加えて汚れている場合は足も洗うなど、身体の清潔は乳児期から習慣づけましょう。

- その上で「ちっともにおわないよ」と安心感を持たせましょう。

- 本人が感じているほどには、におわないことが大半です。そのことも本人に伝えてあげましょう。

> ほらほら　いい男がだいなしよ
>
> 部活から帰ったらシャワーあびなさい。
>
> 歯間ブラシを買ってきたから、歯磨きの時に使ってみたら？お母さんも使ってみたんだけどきもちいいよ。

4章　身体に関する行動　79

38 体型を気にする

　日本人女性の約8割が、抱いているという「やせ願望」が低年齢化し、小学生でも体重測定の日は、朝食を抜いてくる子が見られます。

　思春期になるとこの傾向はさらに強くなり、女子高校生のほとんどが常時ダイエット中で、食に対する正しい知識がないままに、ダイエットとリバウンドをくり返しているという報告もあります。さらにサプリメント（栄養補助剤）に依存する傾向も年々高まってきています。

　一方、家庭の中では、孤食化（一人で食べる）・個別食化（別々のものを食べる）も進んでおり、家庭の中から、家族そろって食卓を囲む「団らん」の機能が失われつつあることが懸念されています。家族のきずなと親の愛によって得られる心の安定が損なわれると、子どもは外からの評価に過敏になります。

　第4章の「36　髪型が決まらないとかんしゃくを起こす」、「37　自己臭を過度に気にする」子どもたちに共通して見られるのは、自信のなさから過度に人の目を気にする傾向です。親の愛をしっかり伝えるとともに、家庭における食育の見直しも必要です。健康な体、美しい体型について親子で話し合う機会を持つことも大切です。

Case 1　朝食を抜く

「朝ごはん、食べたくない」
「いってきます」

子どもへの対応　健康な体、美しい体について話しあいましょう

- 栄養のバランスのとれた食事を用意する。
- 同じ人でも疲れている時、元気な時、どっちがきれいに見える？
- S子はどんな体型がステキだと思う？お母さんはね…
- 家族そろって食卓を囲むようにする。

POINT　美しい体型は健康な体、安定した心に支えられることを子どもに伝えましょう。

臨床心理士から

　思春期になり自分というものを気にする一つの現れが体型への関心であり、とくに女の子の場合、太ることを気にしてダイエットに熱心な子どもたちがいます。こうした背景が、やせることに執着し食べることを拒否する"拒食症"や、やせなければという思いがかえってプレッシャーになり逆に食べるという行動が抑えられず、異常に食べてしまう"過食症"を増やしていると言われています。

　やせ願望や肥満恐怖など心理的な原因に加えて、几帳面で完璧主義の性格が影響していると考えられます。大人になることを嫌悪しており、その背景には親子関係の中で自分の満たされなかった愛情を求めているようにも見受けられます。子どもの状態によっては、医療機関への受診を勧める必要もありますが、その前に「病気ではない」「元気にしている」と軽くとらえずに、子どもの心の奥にある思いをていねいに聞くことが大切です。あわせて心理的な原因になったであろう家族関係の調整も求められます。

Case 2 サプリメントに頼る

子どもへの対応 「栄養」と「食べ物」について話しあいましょう

> お母さんもね、きれいでいたいから、美容にいい栄養のあるものを食べてるのよ…「おいしー！」という感覚もよい栄養になる気がしない？

いっしょにバランスのとれた食事をつくってみる、ジョギングをするなど、親子で健康づくりに取り組むと効果的。親子の会話も弾み、信頼関係も増します。

39 寝つきが悪い

子どもの寝つきが悪いというのは、親にとっては悩みの種です。しかし、無理に寝かせようと声を荒げたりすると、逆効果になることもあります。

寝つきが悪い原因としては「親にもっとかまってもらいたい」「やけに目が冴えてしまう」などさまざまですが、入眠パターンは個人差が大きいので、きょうだいで違うからといってあまり気にする必要はありません。

人の体には生体リズムというものが備わっており、体温が下がり始めると眠くなるという生理現象があります。赤ちゃんが眠くなると手足がポカポカしてくるのも、放熱して体温を下げているからで、この時が眠りに落ちやすい状態です。心身をリラックスさせる神経（副交感神経）が優位になっています。しかし、この時間帯の前後に熱いお風呂に入ったり、ゲームで興奮するなど交感神経の働きが活発になるようなことをすると、なかなか寝つけなくなりますので注意が必要です。

夜になったら生体リズムを乱すような刺激を少なくし、心身ともに落ち着かせ、添い寝をしたり、本を読んであげたりして、親の愛情を感じてリラックスできるようにしてあげることが大切です。

Case 1 「ねむれない」と言って起きてくる

子どもへの対応　親の愛を感じ、安心して寝られるようにしてあげましょう

■寝入るまでのステップ「入眠儀式」を決める
- 時間に余裕を持って。
- 毎日くり返す。
- はじめはいっしょに。
- 一人でできるようになったらたくさんほめる。

■添い寝をしたり本を読んだりしてあげる

入眠儀式を決めましょう
1. 着替える
2. 歯みがき
3. 明日の準備
4. ぬいぐるみにおやすみ
5. 電気を消す

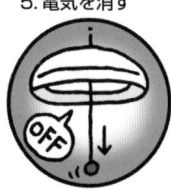

臨床心理士から

　寝つきが悪いことを子どもや親から聴くことがあります。騒音や暑さ、夜ふかしなど睡眠環境が悪ければ眠れないことは当然のことであり、その環境や子どもの生活態度の見直しが求められます。

　それらことで問題ない場合、子どもの睡眠に対する過度のこだわりがあります。周囲の「よく眠っていたよ」「気のせいだよ」「眠れないくらいで死ぬことはないよ」と励ます言葉を、子どもは「軽くあしらわれた」と受け取り、「自分の苦しさをわかってくれない」と相手への不信感を強め、さらに眠れないことを訴えるという悪循環をくり返します。不安感を伴っていることが多く、入眠時に毛布やぬいぐるみが手放せない、指をしゃぶる現象も、不安を代償する行動と考えられます。

　何が子どもの入眠条件を乱しているか考えてみましょう。そのためにも、子どもの訴えをよく聞き、眠れないつらさをわかってあげることが大切です。

Case 2 「ねむくない」と言って寝ない

子どもへの対応　ねむくなる環境づくりをしてあげましょう

- 明るくなったら活動し、暗くなったら寝るという自然の流れに逆らわないように、生活環境と体内環境を整えましょう。

1. あかりを少し暗くする
2. テレビの音を小さくする
3. おふろは寝る2、3時間前までにする（どうしても入る場合はぬるめのお湯にする）
4. 食事は寝る4、5時間前までにすませる
5. 昼間たくさん活動させる
6. 夜、ゲームはやらせない
7. 興奮させるようなことは避ける

POINT　コンビニの明るさ、ゲームの光刺激などは、とくに脳に刺激を与えるので避けましょう。

40 よく頭痛や腹痛を訴える

　このような訴えが続いたりすると、「体の調子が悪いのか？ それとも心の病気か？」と判断に迷いますが、初めから「心の問題」と決めつけてしまうのは危険です。体の病気が潜んでいることもあるので、まずは「体の調子」と受け止め、学校を休ませたり、安静にしてあげたりしてください。お母さんのていねいな対応が子どもに安心感を与え、それだけで治ってしまうこともあります。それでも改善しない場合は、内科か小児科で診てもらいましょう。「体の方は異常ありません」と言われたら、そこで初めて「心の問題」を疑ってみてください。

　子どもにとってストレスになることや、言いたいのに言えないことが心の中でくすぶって、体の症状として現れることがあります。親に気づいてほしい、気にかけてほしいというサインでもあります。本人も自覚していないストレスという場合もあるので、そのように訴える時の曜日や時間帯、前後の出来事などをよく観察してリストをつくっておくと原因をさぐるのに役立ちます。そして、できるだけ自分の気持ちを自分の言葉で表現できるように仕向けてあげることです。自然に心のわだかまりを話せる雰囲気をつくってあげることが大切です。

Case 1　よく頭がいたいと言う

「あたまがいたーい。」

子どもへの対応　安心感を与え様子を観察しましょう

- 痛いところをさすってあげるなど、スキンシップをとりながら、思いあたることがあったら何げなく話題にしてみましょう。

- 頭痛の原因は睡眠不足や目の使いすぎから起こることもあります。生活のチェックもしてみましょう。

落ちついて対応しましょう

- 今日の学校の授業は？
- この前も水よう日ね。
- 習いごとは？
- こんな時は元気だわ。
- きのうお父さんに叱られた。
- 最近友だちとはどうかしら。
- 朝は元気がないけど夕方になると元気になる。

臨床心理士から

不登校を始めとして最近の子どもたちの問題行動は、頭痛や腹痛、微熱などの身体症状を伴う事例が増えています。"心"と"身体"は密接に関わりあっています。とくに乳幼児期は、発達的に見ても心と体が未分化で、身体症状化しやすい（心の不安を体の不調として感じる）傾向が見られます。しかし最近の子どもたちの場合、小・中学生になっても、心のストレスや不安、緊張などが言語化されずに身体症状として現れることが多く見受けられます。

まずは体の調子が悪いのか心の問題かの見極めは必要ですが、身体の症状が出る意味を考えると、「親に自分のことを気づいてほしい、気にかけてほしい」という子どもからのメッセージと受け取ることができます。通院にいっしょに付きあったり、痛い所をさすってあげるなどのスキンシップをとりながら親の子どもへの気持ちを伝えていきましょう。そして、子どもの気持ちをわかって代弁するのではなく、できるだけ自分の気持ちを言葉で表現できるように、育てていきたいと思います。

Case 2　言いたいことがうまく言えずに体の不調を訴える

あのね…

どうしたの？
何かあったの？
何グズグズしているの！
忙しいんだから

なんとなくおなかがいたいんだけど…

子どもへの対応　心のわだかまりを自分から話せるようにしてあげましょう

■**時間的、精神的にゆとりを持って接するようにする**
- 周りに気を使う心のやさしい子に多いようです。1日20分でもいいので、子どもの話に耳を傾ける時間をつくりましょう。

■**自己表現の仕方のお手本を示す**
- 自分の気持ちを言葉で表現できるように仕向けてあげましょう。
- だれにでもいろいろな感情があることや、それを表現していいことをお手本を示して教えてあげましょう。

自己表現のお手本を示しましょう

お母さん、今日ね、課長に注意されてショックだったわ。わざとミスしたんじゃないんだけどね…。ゴメンネ。こんな話しちゃって…

POINT　子どもが話し始めた時に周りから先にあれこれ言われると話せなくなってしまうので、口をはさまず、しっかり耳を傾けましょう。

4章　身体に関する行動

41 無気力になったり、わけもなく泣いたりする

　無気力は、心と体の疲れや、愛する対象や目標を失うことから生まれます。親や先生などから過剰な期待をかけられ、子どもが息切れを起こしてしまう場合。塾や習い事、部活動といった過密なスケジュールをこなすことで、体力を消耗し意欲が低下する場合。過度に人に気を遣い気疲れしてしまうものや、不安が強かったり失敗体験が心に残り克服できないでいる場合などが考えられます。

　また、肉親や親友、かわいがっていたペットなど愛する対象の喪失や、一生懸命打ちこんできた部活動の引退や、猛勉強して希望校に合格した後など、目標の喪失で脱力感に襲われる場合もあります。

　わけもなく泣いたりするのも、同じように心の不安定さからくるものです。

　心身の疲れからくるものであれば、心と体を十分に休養させ、エネルギーを充電させることが一番です。原因を取り除くとともに、親子の会話を大切にし、愛情をたっぷり注ぎながら見守りましょう。

　大切な人や物を失ったものであれば、その気持ちに寄り添って共感しながら「時」を待つことです。「がんばれ」と激励するのはよくない場合があるのでやめましょう。

Case 1　何もやる気がおこらない

子どもへの対応　親の養育態度を見直し、子どもの主体性を取りもどしましょう

■子育てを見直してみる
- 過度な期待や干渉をしていませんか？
- 手や口を出しすぎていませんか？
- 親の期待する「よい子」像を押しつけていませんか？

■子どもの主体性を育てる
- ゆっくり休ませましょう。
- 自分は何をしたいのかを考えさせましょう。
- 自由にやらせてみて見守りましょう。

〔過度な期待や干渉をしていませんか？〕

臨床心理士から

　無気力な状態は、行動が表面に表れず見過ごされがちです。子どもの無気力は、自分の行動や努力が環境に対して、まったく影響力を持たないことを強く感じた場合の反応であるともいえます。無気力な傾向は、学業などの課題への取り組みだけでなく、対人関係や、社会性の面にも表れてきます。心身の疲れや大切な人や物の喪失からくるものであれば、心と体を十分に休養させエネルギーを充電させるための時間が必要です。無気力な状態が長く継続している場合、子どものやる気のなさを叱責したり強制的にやらせるようなことは逆効果です。劣等感を持ち自信がなく、自己評価も低くなっています。

　まずは子どもの無気力になっている背景を理解し、子どもとの間で安心できる関係をつくることが重要です。その上で、実現可能な目標や適切な課題を示し励ましながら、自分の力でやれた体験を重ね、成就感や達成感を持たせるような関わりが大切です。

Case 2　情緒が不安定でちょっとしたことで泣き出す

子どもへの対応　自己肯定感を高めてあげましょう

■自己肯定感の地盤となる足場をしっかり固める
- 本人の存在そのものを愛しているという姿勢を。
- スキンシップを大切に。
- 親子の会話を持ちましょう。

■自分を好きになれるようにしてあげる
- 自分のよさを実感できるようにその子のいいところを伝えましょう。
- ちょっとしたことでも頑張りを認めてほめましょう。
- 子どもの話に耳を傾け、共感して聞きましょう。

足場が不安定だと自己肯定感も育たず、しっかりと自分の足で立つことができません。

4章　身体に関する行動

42 爪かみ、チック、夜尿、夜驚などがある

　何らかの心理的なストレスが原因で、日常の行動に変化が現れることがあります。

　爪かみは、「さみしい」「甘えたい」など心が満たされない時、自分自身に刺激を与えることで心の安定をはかっています。身体の中でもとくに敏感な口への刺激は、自分を慰めるのに役立ちます。

　目をパチパチさせるなどのチックは、緊張や不安を感じる状態の時、体の一部を動かすことで安心感を得ようとしています。自分では意識していないのに、自然に体が動いてしまう癖です。

　夜尿は、幼児期のものは生理的未発達によるものがほとんどですが、幼児期以降になって発症したものには心因性のものが多く見られます。ストレスにより自律神経系に乱れが生じることも関係しているといわれています。夜驚（やきょう）も、精神的な緊張やストレス、葛藤があることと関係しているといわれています。

　いずれも、症状そのものに注目しないで、引き起こされる背景に着目するのがよいでしょう。それ自体が、子どもにとってはストレスになります。子どもを取り巻く生活状況に広く目配りをし、原因の除去に努めるとともに、親がゆったりと構えて子どもと向き合い、心の安定をはかってあげることが大切です。

Case 1　爪をかむ・目をパチパチさせる

子どもへの対応　心の中にあるものを、ゆっくり引き出してあげましょう

■子どものストレスになっていることはありませんか？
- 家庭のしつけのきびしさ。
- 親の神経質な態度。
- 忙しすぎる生活。
- 友だち関係の変化。
- 学習の不適応。
- 不安や緊張を強いられる。

■言いたいことがうまく言えない感情表現の苦手な子に多いようです。ゆったりと話しやすい雰囲気づくりを。
- 親子の会話に十分時間をとる。
- 感情を抑えこむことのないよう喜怒哀楽の気持ちを素直に出せる雰囲気づくり。

喜怒哀楽を豊かに

POINT
- 周囲の子には、からかったりしないよう注意を促しましょう。
- 爪かみは、ある程度年齢を重ねてくると、単なる習慣になってしまっている場合もあります。
- チックは、やめなさいと言われると余計ひどくなることがあります。

臨床心理士から

　子どもが日常の行動とは違うことをする場合は、緊張や不安、ストレスや葛藤を感じる時やさみしい、甘えたいなどの心が満たされない時に、心の安定を図るために子どもが無意識的に起こす症状と考えられます。症状そのものに注目し、指摘したり叱ったりしてやめさせようとしてもかえって子どものストレスになりエスカレートさせます。症状をめぐって親から投げかけられたメッセージから、子どもは「自分が責められている」「自分はダメな子」と自分を否定的にとらえるようになります。

　多くの症状は、年齢と共に治ります。子どもを取り巻く生活環境に目配りして、子どものストレスになるものは何か、改めて見直してみましょう。子どもに関わる大人が過敏にならずにゆったりと構えて、子どもと向かい合うことが大切です。家庭内の緊張を緩和したり、子どもに要求する水準を下げたり、子どもとしっかり向きあう対応が求められます。

Case 2　おねしょ・寝ていて突然大きな声を出す（夜驚）

子どもへの対応　感受性豊かな小さな心をわかってあげましょう

子どもは親が考えているより多くを感じとり小さな心を傷めています。

感受性豊かな心を大切に

■ **ストレスとなるものをとりのぞく**
- ◆ 親子関係の緊張はないか。
- ◆ 学校での緊張はないか。
- ◆ 過度の肉体的疲労はないか。
- ◆ 恐怖心をあおるような体験をしていないか。

■ **生活のリズムをととのえてあげることも大切**

4章　身体に関する行動

43 極度に失敗を恐れる

　何かをすることを極端にしりごみをする子がいます。また、体育や家庭科の授業のある日はよく欠席するなど、ある特定の教科や行事で、決まって休んでしまう子がいます。本人はほとんど気づいていませんが、初めてのことや苦手なことから逃避していることが考えられます。そのような場合、その裏には必ずといっていいほど「失敗に対する恐れ」が隠されているといえます。

　日ごろ、親や周囲の大人から失敗やうまくできないことを責められたり、叱られたりしていると、自信をなくし、極度に失敗を恐れるようになります。周囲の大人は同じ失敗をさせないように注意をしているのでしょうが、逆効果になってしまっているのです。失敗をさせないのではなく、上手に失敗をさせ、失敗に負けない子に育てることが大切です。

　また、友だちの目を気にしすぎるあまり、挑戦できないという場合もあります。失敗をしてもお互いに励ましあえる仲間関係を育てることが必要です。

　できれば失敗はしたくない、させたくないと思うのは当然です。でも人は失敗をくり返して成長していくものです。上手に励ましてあげたいものです。

Case 1 失敗を叱られてばかりで、自信が持てない

（みんなは、できているでしょう。何であなたはできないの。）

（また、失敗しそう。やりたくない。なんだかおなかが痛い。）

子どもへの対応　ありのままの子どもを受け止め、上手に励ましましょう

Aさん　「私、いい、できない。」
先生　　「ほんとにちょっとむずかしそうだね。」
Aさん　「絶対にできないよ。」
先生　　「こうすればできるかもしれないよ。いっしょにやってみない。」
Aさん　「う〜ん。」
先生　　「じゃあ、先生がちょっと試してみるよ。見てて。」
Aさん　「……」
先生　　「いっしょにやってみよう。」
Aさん　「うん！」

（いっしょにやってみる？）
（うん！）

POINT　無理強いをせず、同じラインに並んであげる気持ちを持ちましょう。

臨床心理士から

物事に対してうまくやりたい、失敗したくないと思う気持ち自体は、人間として当然のことですが、過度にそのような思いが強い時に問題になってきます。子どもが育つ過程の中で、失敗しないように先へ先へと、障害となるものが取り除かれたり手助けされたりして、失敗経験をしてこない子どもがいます。また、失敗したことを責められたり叱られたりして自信をなくし臆病になっている子どももいます。年齢が高くなると、周囲の目を意識し、より失敗することに臆病になっている子どももいます。

人間は失敗しながら成長していくものです。自分で決めたこと、子どもの意志をできるだけ尊重し、できたかできなかったかの"結果"だけを問題にするのではなく、そこに至る子どもの頑張りや努力の"プロセス"を積極的に評価していきましょう。

Case 2 友だちの目が気になってできない

「ダセェ〜」
「また、しっぱいしてる。」

子どもへの対応 励ましあえる仲間関係をつくりましょう

- できなかったり、失敗したりする場面があったら、周囲の大人自らが、大きな心で受け止めましょう。
- 全部できなかったとか、全部失敗ということはないはずです。よかったところを具体的にほめましょう。
「色使いがきれいだぞ」
- このような大人の態度から子どもは学びます。これが、認め合える仲間関係づくりの土台になります。
- メンバーの全員が協力しないとうまくいかないゲームなどを試すのも一つの方法です。

平均台で並べかえゲーム
5〜6人で平均台の上に並ぶ。生まれ月順や背の高い順など条件を変えて下におりずに平均台の上で並びかわる。

「おっ！キレイな色がだせたな。」

POINT 大人自ら、一人ひとりの子どもを認める接し方を！

5章 自己否定・自己防衛的な行動

44 完璧でないとがまんできない

「そのぐらいいいよ。なんでもないよ」と周囲は思うのに、「あー、だめ。できない」とこだわりの強い子がいます。思うようにできないと、混乱状態になってしまったり、「もういい」とキレてしまったりすることもあります。また、できなかったことで落ちこみ、いつまでも気にしてどんどん元気をなくしてしまう場合もあります。より完璧さを求めて努力するのはいいことです。でもそれに振り回されていてはこまります。このような子どもたちは、気持ちに余裕がなくて自分で自分に振り回されているのです。気持ちに余裕があり、心の調子のいい時は、多少の曖昧さは「ま、いいか」と許すことができます。でも、心の調子が弱っていると、このあいまいさに耐えられないのです。それが逃避や周囲への攻撃となって表れることもあります。

子どもの気持ちの余裕を奪っているのは何でしょうか。そして、こんな子どもの状態に気づかず、さらに追いこんでいるのはだれでしょうか。完璧さへの執着は、周囲の大人が子どもに求めている完璧さかもしれません。子どもの目標を大人が勝手に決めてはいけません。無理のない目標を子どもといっしょに考えてください。

Case 1 順番にきっちり進めないと気がすまない

（そこはとばして、次をやれば。）

（…うるさい）

子どもへの対応 自分なりの目標を持たせましょう

- 「この方法とこの方法もあるよ。どっちにする？」など少しずつ選択の幅を広げ、視点を変えてあげましょう。

- 学習や活動の目標をいっしょに具体的に考えましょう。

- 親の過干渉や一方的なしつけなどが影響している場合があります。

- みんなと同じでなくてもいいことを伝えましょう。

家で…　✕
（ここを順番通りに解いてから、次にすすまなきゃダメよ。）
（それが終わったら次は…）
（…はい）

POINT 他にも方法があることを具体的に示してあげましょう。

臨床心理士から

　頑張って努力し周囲から高い評価を受けてきた子どもが、些細なことでつまずいたり立ち行かなくなったりすることがあります。不登校になったり、イライラ感を募らせ暴れたり、相手にも自分と同じようにすることを要求しトラブルを起こしたり、手洗いや戸締まりなどを必要以上に確認したりします。完璧であることへのこだわりは、子どもが育ってくるの中で周囲の大人から学び身に付けてきたものであり、気持ちに余裕がない時、心の中の不安感を抑えるためにその傾向が強くなっていきます。

　子どもが安心感を持てるような対応が求められます。すべてに完全さを求めず多少の曖昧さは許容できる、できることもあればできないこともあり、ほどほどの選択ができる、子どもが自分の弱みや欠点を見せられるようになることが大切なことです。子どもに関わる大人自身が幅広い価値観や多面的な物事のとらえ方を示して対応していきたいと思います。

Case 2　少しでも間違えると泣く

（先生）「ここはハネるんだぞ」「小」
（子ども）「ワーン。」

子どもへの対応　できているところに目を向けさせましょう

- 落ち着いている状態の時、「間違えてもいい」というメッセージを根気よく伝えましょう。

- 間違えているところではなく、できているところに目を向けられるよう言葉をかけましょう。

- 気持ちが安定している時は、間違えても気にならないことがあります。家庭とよく連絡をとり、また友だち関係にも注意して、気持ちが安定するように気を配りましょう。

- 励ましあえる友だち関係を育みましょう。

（子どもの声）
「先生は字がヘタでよく叱られてた。せめてていねいに書けって。」
「A子さんは一字一字ていねいでエライぞ。」
「間違えても気にしなくていいんだよ。」

POINT　混乱している時は、静かに、じっくり見守りましょう。

5章　自己否定・自己防衛的な行動

45 自己防衛的なことを言う

　人は、攻撃を受けると自分を守るためにさまざまな防衛手段に出ます。言わば、防衛的行動は人間としてごく当然のことであり、この力がなければ危険から身を守ることができません。

　しかし、ごく日常的な会話の中やちょっと受けた注意などに対して、強い防衛反応を示す子どもがいます。攻撃を受けているわけでも、危険な状況でもないのに、防衛的手段に出てしまうのです。そんな必要はないのに身を守ることに必死にエネルギーを費やしているわけです。

　この自己防衛的な行動としては大きく二つのタイプに分けて考えることができます。相手を攻撃するタイプとまったく別のことに問題をすりかえ、過度な言い訳をするタイプです。しかし、どちらも自分の心を開いていないという点においては、同じ問題をかかえています。本当に困難なことに出会ったら、周囲の人が助けてくれるという基本的信頼感が育まれていないのです。他の人を信じられないことほど不安なことはありません。自己防衛的なことを言う子どもに対しては、まずそのことを理解し、子どもが心を許し、安心して話せる関係を築くことが第一です。

Case 1　ちょっとした注意に過剰に反応する

「何で私にだけ注意するんですか。みんなだってやっていましたよ。おかしいんじゃありませんか！」

子どもへの対応　認めていることを具体的に言葉にしましょう

先生「今日の学級会、いい考えを出していたね。」
A子「はい。」
先生「全体としてはどうだった？」
A子「特別なことはないです。」
先生「少しふざけていたように感じたんだけど…」
A子「はい…」
先生「この次はきちんとできるかな？」
A子「みんなが協力すれば…」
先生「A子さんにみんなをまとめてほしいんだけどな。」

「A子さんにはみんなをまとめてほしいんだけどな。」

POINT　このタイプの子どもは、自己中心的なプライドと自信を持っています。直接的な注意は受け入れません。具体的な言葉で認めながら、少しずつ伝え、気持ちを開いていきましょう。

臨床心理士から

子どもが周囲から、注意されたり、批判されたり、非難されたりした時に自分を守るための対応を考えることはよくあることですが、その言い訳が過度であったり、逆に相手を責めたりすることがあります。また、自分が追いこまれるような状況ではなく日常的な会話の中でも、自己防衛的な言動が目立つ子どももいます。このような子どもに関わるにあたって、その子どもの言動の非を指摘してもますます自己防衛的な傾向が強化されていくだけです。無意識的ではありますが、子どもがこれまでの経験で身に付けてきた自分を守るための術であり、そのような言動をとることで心の安定を図ろうとしている様子が見受けられることが少なくありません。

子どもの言い分をまずは受け止め、子どもが安心して何でも話せる関係をつくり、自己防衛的にふるまわなくても、ありのままの自分を受け入れてもらえた体験が持てるよう関わっていくことが大切なことです。

Case 2　過度な言い訳をしたり、ごまかしたりする

- 机の上においておいたんですけど…、お母さんが捨てたかもしれないです。
- あっ、違った。弟がいたずらしたかもしれない。
- でもぼくはちゃんと机においたんです…

子どもへの対応　言い訳をする気持ちを受け止めましょう

- 過度な言い訳は、過度に自己評価を気にしているということでもあります。まずこのことを受け止めましょう。
- 「なぜ、忘れ物をしたの。なぜ、できなかったの」という問いかけは子どもを追いこみます。
- 「できなかったんだ」「何か事情があったんだね」と今の状態を認めることから始めます。
- 「どうしようか？」と次にどうするかは、子どもに決めさせます。
- 決めたことは軽く受け止めましょう。「自分が決めたんだから絶対守るんだよ」などとは言わないほうがいいでしょう。

問いつめれば、子どもはどんどん追いこまれていきます

- なぜ、忘れ物をしたの。
- なぜ、できなかったの。

POINT　言い訳を責めないように、本人に順を追って考えさせましょう。

46 自己否定的なことを言う

「どうせ私はだめ」「ぼくはいい、どうせできないから」「いじめられてもしょうがないんだよ。別にいいんだよ」など、自分を否定する言葉をはっきりと口にする子がいます。あっけらかんとして言うことが多く、問題を見過ごしてしまうことがあります。過度な期待を担わされていないか、また友だち関係に変化がないかなど気を配りながら慎重に対応しましょう。

「どうせ自分はだめ」などと本気で思っている子どもは一人もいません。自分もみんなと同じようにしたい、でもその方法を知らず、どうしていいかわからなくて助けを求めているのです。しかし、適切な支援をしてもらえないまま今日まできてしまったのでしょう。最後までやったという経験がないに等しいかもしれません。「自分はみんなと同じようにできない」と思いこんでいますから、勉強やスポーツを始め、いろいろなことに対する意欲が非常に低くなっています。子どもの状態をしっかり見極め、できることを最後までしっかりとやらせる経験を積ませ、自信につなげることが大切です。

また、友だち関係もむずかしくなっていることが多々あります。ケースを参考に慎重な対応をしてください。

Case 1 別にいい。やられてもしょうがないんだ……

（遅いんだよ。待ってるんだから早くしろよ！）
（のろま！）
（早く来いよ！）
（しょうがないんだ。）

子どもへの対応　できることを最後までやらせ、達成感を味わわせましょう

- 意欲が消失しかかっています。今、できること・やるべきことの中から、具体的な目標をいっしょに考え、まずは、最後までいっしょにやってみましょう。
- 目標は、形として見えやすいものに。
- 「今度は一人でここまでやってごらん」など、少しずつ一人でやる内容を増やしましょう。
- 新しいことに挑戦しようとしないことと同じように、決まった友だちとしか関係を持たない傾向がよく見られます。友だちの幅を広げ、その中で違った付きあい方を経験させましょう。

（よしっ！できた。）

POINT 身近な大人がしっかりと向きあい、上手に関わることが大切です。

臨床心理士から

「どうせ私はだめだ」「勉強が友だちのようにはできない」「両親はぼくのことを嫌いなんだ」「私のことなんかだれも心配してない」と、自己否定的な発言をする子どもがいます。自尊感情、自己肯定感が低く、自分を低めに評価しています。自分に自信が持てないことが多く、「これがダメだから全部ダメ」になっていることが多く見受けられます。

「そんなことはないよ」と相手から自分の発言を否定してもらいたい、相手の気をひくための発言と受け取れる子どももいますが、多くの場合、育った環境の中でありのままの姿が認められたり評価されたりすることが少なかったり、むしろ否定的な評価を受けたりすることが多かった子どもたちと言えるのではないでしょうか。

まずは子どもの話を否定したりむりして励ましたりせずに共感して聞くことです。その中で、子どもがやったこと、頑張ったこと、やれた小さな努力をほめていきましょう。

Case 2　どうせできないし……

子どもへの対応　目標は自分自身で！

- 目標を見失い、意欲が低下しています。じっくり話を聞いてあげましょう。

- 気持ちを確かめながら、もう一度目標を確認しましょう。

- 得意なことは何でしょう。その子の得意なことをいっしょになってやってみるのもいいでしょう。

- 学級の仕事や家の手伝いなど、役割を持たせてやらせてみましょう。人の役に立てている実感は気持ちがいいはずです。

人の役に立つことの喜びを実感させましょう

POINT　過度の期待は子どもを追いこみます。

5章　自己否定・自己防衛的な行動

47 今の自分が好きになれない

　友だちの行動や、学級のことについて、よく不満を口にする子がいます。自分に直接関係のないことでも、とても気になってしまうのです。直接相手に言うことはなく、学校では保健室などに不満を持ちこみます。また、いつも憂うつそうで、オドオドして心配ばかりしている子もいます。うつむき加減で声も低く、表情もあまり豊かでありません。

　このような子どもたちに、共通して言えることは、「自分を好きになれていない」ということです。「自分が好き」とは、自分をありのままに認められるということです。この自己意識は、親や周囲の大人、友だちとの関係において、時間をかけて徐々に作られてくるものです。周囲から否定的な評価ばかり受けていると、自分に対するイメージが否定的になり、自己評価も低くなります。結果として、消極的でオドオドした行動をとるようになります。自分に自信が持てないので、他の人の言動が非常に気になります。批判的な見方をして、それを聞いてもらうことでかろうじて自分を保っているといえるのです。

　まずは、周囲の身近な大人が、今のありのままの子どもを認め、時間をかけて肯定的な自己意識を育んでいく必要があります。

Case 1　陰で友だちの批判をしたり、悪口を言ったりする

Aさん、今日算数の時間、先生に注意されたんだよ。あの子の今日の洋服似合わないよね。自分ではいいと思ってるんだよ。絶対変だよね。それからBさんはね……

子どもへの対応　不満を言っている自分の気持ちに気づかせましょう

C子「Aさん、先生に注意されたんだよ。洋服も変、似合わないよね。」
先生「へーそうなんだ。Cさん、Aさんのこと気になるの。」
C子「そんなことないけど…。みんなも言ってるよ。」
先生「みんなでそういう話してるの。」
C子「え、しないけど。」
先生「そうだね。Aさんとは遊んだり話したりしないの。」
C子「あんまりしない。」
先生「今度話しかけてみたら。そしてどんな話したか先生に聞かせてほしいな。」

今度Aさんに話しかけてみたら？

臨床心理士から

不登校、いじめ、衝動的・攻撃的な行動、自傷行為、摂食障害などの問題行動の背後に、子どもが自分を肯定できない、自分を否定的にとらえている子どもの姿が見えてきます。自己肯定感の低さが、さまざまな問題行動の発現に影響を与えているともいえます。

自己肯定感は、「自分を気にいっている」「私にも取り柄があると思う」「うまくやれると思う」など自分への肯定的な気持ちに加え、「親や先生が自分のことを理解してくれている」「友だちから頼りにされている」「みんなから好かれている」「家族から大事にされている」など、子どもに関わる人間関係の中で感じられるものです。

自己肯定感は子どもに関わる周囲の大人によって育まれていきます。自分のことを肯定し大切に思えなければ、他人を大切にすることもできません。子どもの小さな努力をほめたり、今のありのままの子どもを受け容れるような親や教師の関わりが求められます。

Case 2 いつも憂うつそうで、なんでもないことを心配する

> 明日のプール大丈夫かな。水着忘れたらどうしよう。

> スピーチ失敗したらどうしよう。

> あああ…何か心配…

子どもへの対応　大したことない（と思える）不安もしっかり受け止めましょう

- つまらないと思える心配ごとの裏に本当の心配が隠れていることがあります。
- 「なんでそんなつまらないことを心配してるの」は禁句。
- 家庭の問題や劣等感などが潜んでいることがあります。
- 周りが不安がらせないよう気をつかうのではなく、一つひとつの不安の回避を具体的にいっしょに考えましょう。
- 「口に出して確認すれば忘れないよね」など具体的な方法を考え、実行させましょう。そしてクリアできたこともいっしょに確認しましょう。
- 目の前のことに一生懸命になることの大切さを共に実感しましょう。

こうすれば大丈夫！

そっか！

POINT　つまらない不安も子どもにとっては重大なことです。気持ちを尊重してあげましょう。

5章　自己否定・自己防衛的な行動

48 鼻汁をなめる・股間のにおいをかぐ

　指先に鼻汁をつけて、それをなめる癖の子がいます。ブランコの順番を待っている時などの所在ない間に行い、本人は無意識であることが多いようです。

　小学校一年生のA男は、両親の離婚により母と離れ父と二人で暮らし始め、二週間あまり経った頃から、鼻汁をなめるようになったのです。その仕草の出現と母との別離の時期の一致から、A男は鼻汁の味で、自分の存在を確かめていると考えられます。

　また、授業中、半ズボンのすそから手を差し込み、その手を自分の鼻先に持っていき、においをかいでいる子もいます。彼は、過度の受験勉強の真っただ中にいました。

　彼らに共通しているのは、母親から愛されているという実感の薄さです。本来なら親に受け止めてもらうことで、自己を確認するところ、彼らは、味やにおいという最も基本的な感覚を刺激することにより、自分の存在を確認しているものと考えられます。

　鼻汁をなめたり、股間のにおいをかいだりするのは、親から得られない愛の代償行為ですから、行為そのものを制止しても改善にはなりません。

　行為の禁止は、他のストレス行動の引き金になりかねません。

Case 1　味で自分を確認している

子どもへの対応　親の愛情を実感させましょう

手をつなぐ、ひざに抱く、いっしょにお風呂に入るなどの身体接触が、効果的。

A男が赤ちゃんのときはな…

いっしょにアルバムの整理をしながら、赤ちゃんの時の話をたくさん、ニコニコと話す。

臨床心理士から

　鼻汁をなめたり、股間のにおいをかぐという、自分の身体に密接な関わりを持つ味やにおいというもっとも基本的な感覚をひんぱんに刺激している子どもを時々見かけます。所在ない時の行為であることが多く、周囲の人の有無は、あまり関係ないように思われます。その行為を見つければ、子どもに関わる周囲の人はやめさせようと注意したり叱ったりしますが、その時は止めてもなかなか改善にはつながりません。

　子どもは無意識的に行っていることが多く、自分の身体に触れたり、なめたり、においをかぐことで自分の存在を確認している、安心感を得ようとしているようにも受け取れます。いいかえればそれほど孤独感や心に不安をかかえているとも思われます。改めて子どもの不安や孤独感という問題を、子どもと親との関係性の中で振り返ってみることが必要になります。

Case 2　においで自分を確認している

子どもへの対応　むりにやめさせないようにしましょう

- サッカー、編み物など子どもといっしょに過ごす時間を増やしましょう。

- 「○○ちゃんのキックは、かっこいいね、大好き」と親のプラスの感情を率直に子どもに伝えましょう。

- 受験期には、過度の期待をかけず、「あなたのベストを尽くせばそれで十分」と伝えましょう。

- 親の承認は、成績が上がった場合など条件付の承認になりがちです。子どもが親に求めているのは、ありのままの自分を受け入れてもらえる絶対的な承認です。

POINT　子どもの行為を「汚いでしょう」と頭ごなしに制止することはよくありません。

5章　自己否定・自己防衛的な行動　101

49 リストカットをする

　リストカットの現れは、思春期以降が大半ですが、幼少期、学童期からチックの症状や、髪の毛を抜くなどの自傷行為があったり、不登校だったりの経歴があるケースも多いようです。

　一方、小学生時代は、勉強もよくするし、明るく頑張りやさんだった子どももいます。私の知っている子は、中学に入りリストカットをするようになりました。小学生時代はあんなにお母さんを尊敬していた子が、自分の母親を「あの人」と呼ぶようになりました。中学時代の担任は、高校へ入学していった彼女が、後にリストカットに苦しんでいると聞き、「中学生の時は、お母さんに気に入られるよい子を演じていたような気がする。気づいてあげられなかった。」と悔やんでいます。

　いずれの子どもも、思春期になるまでに解決されなかった（ありのままの自分を親に認めてほしい）内なる叫びをかかえています。

　リストカットをしている子どものほとんどが「やめたい」「でも、やめられない」と言っています。加えて、「一番気づいてほしい人はお母さん」とも言っています。子どもたちの心の叫びを親に通訳する役割が、学校の先生やカウンセラーに期待されます。

Case 1　リストカットしている時だけ「生きている」と感じる

「生きてる…私…」

子どもへの対応　子どもの心に寄り添いましょう

M子　「またやっちゃった。」
先生　「そう、またカットしちゃったの？」
M子　（黙ってうなずく）
先生　（傷を）「見てもいい？」
M子　（左アームバンドとその下の包帯をほどく）
　　　新しい傷のほかに無数の細い傷跡が残っている。
先生　（傷跡をそっとなでながら）「痛かったね。」
M子　「痛いけど、何ていうか『生きてる』って思う。」
先生　「そうね、『生きてる』って感じたいんだよね。」

臨床心理士から

　自傷行為の一つです。切った時に痛みを感じ血が流れるのを見て「生きている」ことを実感し、「切ると、一杯一杯の気持ちがゆるむ」と、葛藤やストレスに自分なりに対処しようとしているのです。これまでの生まれ育った環境が、安全安心な状況ではなく、見捨てられ不安が強い子どももいます。「どうせこんな体だからどうなってもいい」と、自己肯定感も低下しております。説教や説得で行為を禁止しようとしたり、わざと無視したり、原因を追及しようとしたりするなど、その行為に注目するのではなく、「さみしかった」「つらかった」「そうするしかなかった」と共感して子どもの心に目を向けていく対応が求められます。

　行為に対しては、「すぐに止めることができなくても、自分をだめだと思わない」「少しずつ切らなくなっていけばよい」ことを伝え、自分を傷つけるという形ではなく、葛藤やストレスへの対処法をいっしょに考えていきましょう。

Case 2　やめたいけど、やめられない

子どもへの対応　子どもの心の叫びを顕在化します

先生「この傷、お母さんに見せたことある？」
M子（弱々しく首を振る）
先生「そう、お母さんに気づいてほしいんじゃないの」
M子（大粒の涙）
先生「私にどうしてほしい？」
M子「いっしょにいて。」
先生「いっしょにそばにいれば、お母さんに（傷を）見てもらえるの？」
M子（うなずく）

POINT　子どもが母親に傷を見せることを拒んだら無理をしない。

5章　自己否定・自己防衛的な行動　103

かいせつ

第1章　親や教師に対する行動

　第1章は、「人との関係で起こる行動」の中で、とくに「親や教師（大人）に対する行動」を取り上げました。子どもが成長する過程で、大人に対する反抗という形で自己主張をする時期、いわゆる「反抗期」は2回あります。3歳前後の幼児期の「第一反抗期」と小学校高学年頃から始まる思春期の「第二反抗期」です。「反抗期」は、子どもの自我が発達し、今まで受け入れてきた親や周囲の大人の考えに、「言う通りになんかならない」「自分はこうしたい」と自己主張することを通して、自分という個をつくりあげていくことです。つまりは子どもが成長するためには欠かせないことなのです。

　反抗的な行動といっても、心のストレスや反抗心を大人相手に"発散できる"子どもと"発散できない"子どもがいます。発散できる子どもはまともにぶつかってくるので、ぶつけられる親や教師は振り回され、大変な思いをします。一方、発散できない子どもの反抗は正面切って向かってくる行動ではありませんので、気づきにくく、見すごしやすいのです。しかし、対応に苦慮するのはじつはこのタイプなのです。

　幼児期に反抗が目立たなかった子は、思春期に"発散できない"子どもになる傾向があるようです。幼い頃から自分の思いを親に言えない状況が続くと、子どもは「親は自分の話を聞いてくれない」「自分のことをまともに取りあってくれない」など、大事にされているという実感が乏しくなり、「言ってもむだ」と大人への信頼感が持てなくなります。ですから、"発散できる"子どものように、自分の思いや感じていることを直接ぶつけられないのです。この場合、まずは大人との信頼関係を築くことから始める必要があります。項目では、1から5までが"発散できる"子ども、6から10までが"発散できない"子どもの事例です。

　子どもは、どんな子でも親に愛されたいと強く願うものです。親の様子を注意深く見ていて、親が自分に何を要求しているかを鋭く見抜き、親の気に入る行動をとるのです。そして、その喜ぶ顔を見て、「いい子」と評価される自分に安心するのです。おそらく、大人が考える以上に敏感に。"発散できない"タイ

プの子どもは、自分が「親にとっていい子」でないと愛されないと強く思いこんでいるようです。「わが子はこうあってほしい」との親の思いを強く感じると、子どもは「自分はそうではない」と言えません。そう言うことは親を裏切ることであり、期待にそぐわない自分は愛されないと、気持ちを抑えこみます。親の気に入るいい子を演じることは、ありのままの自分は愛されない存在だという思いにつながっているのです。子どもは親とは別人格の存在です。親は親、子どもは子どもです。子どもは親の希望を叶える道具ではありません。子育てには、親にとってはちょっぴりつらい切ない思い切りが必要なのです。

第2章　友だちやきょうだいに対する行動

　第2章は、「人との関係で起こる気になる行動」の中で、「友だちやきょうだい（同世代）に対する行動」を取り上げました。動物は自分に近づく他の動物と自分を一瞬のうちに比較して、その優劣を知ります。そうしなければ、生存の危機に見舞われることになりかねないからです。動物である人間もそうで、他者と自分を比較することはごく自然なことなのです。人の好き嫌いも理屈ではなく、第一印象のひらめきが決め手となることが多いのです。ただし、その自他の差異に必要以上にとらわれると好ましくない行動につながります。相手への攻撃や必要以上の迎合、または相手との不適切な状況を改善しようとせずに避ける、相手の気持ちがわからず不適切な行動をとる、などがあげられます。「相手を攻撃する行動」は、項目11から14。「相手への迎合」は、項目15から18。「相手を避ける行動」は、項目19から23。「相手の気持ちがわからず不適切な行動をする」は、項目24、25です。

　25年以上前の研究、「思春期の問題行動と幼児期との関係」（「思春期の問題行動と幼児期との関連」1980、都立教育研究所）で明らかになったことは、「幼児期の自己表現や忍耐力の乏しさが思春期の問題行動と関連がある」というものでした。当時は、問題を起こす子どもの特徴的事柄でしたが、四半世紀を過ぎた現在では、多くの子どもがその傾向を持っていると言えるのではないでしょうか。

子どもは周囲の大人の行動をまねることでそれを身に付けます。「学ぶ」＝「まね（真似）ぶ」なのです。それは、人との関わり方も例外ではありません。その基本は、幼児期の身近な大人との関係にあります。話しかけない親の子は無口な子が多いようです。また、親が子どもの思いを察して子どもが言う前にそれをしてやってしまうことが続くと、子どもは自分の思いを伝えなくなります。すると、友だち関係でも相手が自分の思いを汲んでくれることを求めるようになります。何かを言いたくても言えない、表現力が乏しい子になってしまうことも考えられます。また、子どもの思いをなんでも否定してしまうと、自分に自信が持てないと同時に、他者に対しても否定的な関わり方をするようになります。適切な人間関係の結び方を学び損ねていると言えるでしょう。

　このような幼児期の身近な大人との関係に加え、近年子どもたちが人との関わりに多くの課題をかかえるのは、ギャングエイジの消失にも一因があると思われます。ギャングエイジとは、小学校3、4年生から始まる、同年の同性の子どもが徒党を組んで遊ぶ時期を言います。この時期大人に隠れて悪さや秘密を共有します。その仲間との関わりの中でけんかの仕方、謝り方、集団の仕切り方などの社会性や人間関係のあり方の基本を学びます。それが、放課後の塾・習い事での時間の余裕のなさや、交通事情の悪化や広場の減少、いっしょに遊ぶ仲間の減少とともに消失しているのです。

第3章　学校や勉強に対する行動

　第3章では、学校生活や勉強に関する場面に表れる子どもの気になる行動を取り上げましたが、大半の行動が、小学校高学年以降に多く現れるものです。つまり、思春期特有の行動の一つととらえてよいでしょう。

　思春期の子どもの大仕事は、親や教師という大人からの自立です。必要な部分は依存しながら、自分に合った自立ができたり、親や教師とよい関係を保ちながらの自立が図れればよいのですが、往々にして規範を破る行動や、反抗的な行動により大人からの自立を果たそうとします。加えて、これらの行動は、同年代の友だちに対する「オレは自立したんだゾー」という自己アピールの意味

合いも含まれています。

　したがって、周囲の大人は子どもの言動に振り回されずに「大人から自立を図ろうと必死になっているのだな」と気になる言動の大きな背景を理解し、自立を助ける姿勢で接することが大切です。その上で秩序を守ることや、一つひとつの学習を積み上げることが、自分で自分を成長させることにつながることをきちんと子どもに話し理解させることが重要です。

　一方、学習内容が理解できなくなっていたり、「いじめ」を受けている場合にも日常生活や学習への取り組みが投げやりになったりする場合があります。この場合も子どもの話をていねいに聴く中で背景をつかみ、家庭と学校の連携の中で解決を図ることが大人の大きな役割になります。

　また、発達障害のある子どもの多くが、整理整とんが苦手だったり、約束を忘れてしまうことが多かったりします。このような障害を持つ子どもは、失敗経験を重ねる過程で自己肯定感が低くなり、「どうせ私なんて」と投げやりな言動が加速することもありますから、思春期の手前から、子ども自身が、自分の苦手な部分についての自己理解を持ち、上手な暮らし方の工夫ができるように手助けしてあげるとよいでしょう。

　いずれの場合も校則を破ったり、勉強をしなくなるなどの子どもの行動の変化の背景には、子ども自身の不安が隠されていますその背景をキャッチする力が、大人に求められると思います。

第4章　身体に関する行動

　第4章は、身体に関する行動を取り上げました。7事例のいずれも、表面に表れた行動は、身体へのこだわりや身体的な問題や病気ですが、背景に心の不安が感じられる点に共通点があります。

　髪型や自己臭、体型が過度に気になる背景として、自分に自信が持てなくなり不安感が高まっていることが考えられます。このような状況下では、友だちにどう見られているかが最大の価値基準となり、どんどん本来の自分らしさからかけ離れた生き方に陥ってしまいます。このことがさらに自己嫌悪を増長さ

せてしまうという悪循環につながります。

　このマイナス方向の循環をいったん停止させ、プラスの循環に転換させるためには、家族の関わりが重要になってきます。「今のままのあなたが好き」「こんなにいいところがあるじゃない」という無条件の受容は、家族ならではです。子どもの自信は、何かができることにより生まれるのではなく、親から絶対的に愛されることにより生まれるのです。

　また、体型や体重を気にする背景として単に友だちからどう見られるかだけではなく、大人になりたくないという願望が隠されている場合があります。この願望の背景には、身近な大人である親への不信感が隠されていることが少なくありません。子ども自身が親から十分な愛情を注いでもらっているという信頼感を持てているか。家族の姿が、子どもが安心できる家庭づくりに機能しているかなどを振り返り、必要ならば家族関係の修復から始めなければならない場合もあります。

　一方、爪かみ、チック、夜尿、夜驚などの行動は、「こまったくせ」ととらえるのではなく、「何らかのストレスの発露」ととらえるとよいでしょう。したがって、行動そのものをやめさせようとするのではなく、親や学級担任はストレスの元（ストレッサー）を取り除く努力をすることが求められます。ストレスの元は、当の子ども自身にもわからないことが多くありますから、とりあえず思いあたることから手を着けましょう。この時に子どものストレス行動が軽減されているようならば、見当をつけたストレス源と軽減への対応は適切だったということになります。

第5章　自己否定、自己防衛的な行動

　第5章で取り上げた7事例の子どもは、いずれも「今の自分が好きでない」と答えるであろう子どもたちです。自己肯定感の低い子と言えるでしょう。

　先日、右手に軽いマヒのあるお子さんのお母様が、就学に関する相談に見えました。手のマヒのことを言われると子どもが傷つくので、そういう心配のない学校を選びたいというのが主訴でした。相談を受けた私は、「傷つくことを言

う子のいない学校をさがすよりも、言われても気にしない子に育てる方向を選択したらいかがでしょうか」と申し上げました。
　障害のあるなしにかかわらず、苦手なことやハンデは、だれにもあります。しかしそのことにふれられることに過敏になり心を堅くするよりも、言われても平気でいられることの方が、自由な生き方ができます。このような生き方を実現する上で欠かすことのできないのは、子どもが成長する過程で親からありのままを認めてもらえたり、評価されることです。障害やハンデや苦手なことがあっても「あなたのすべてが大好きよ」という絶対的な受容を受けて育った子は、ありのままの自分を出すことができます。失敗することをおそれません。子どもは失敗をくり返しながら成長しますから、失敗をおそれないということは、それだけ成長の機会をたくさん得ることにつながります。
　過度に失敗をおそれたり、完璧でないとがまんできない子には、結果だけではなくプロセスを重視し努力したことをほめてあげるなどして自己評価の観点を広げてあげることも大切です。また、このような子の中には、自分で能力以上の目標値を設定して、到達できない自分を許せないという子もいますから、何かに取り組む時には、目標値の設定に親も関わって、安心感を持って取り組めるようにしてあげることも必要です。
　人もまた成長するためには、根っこが必要です。受け止められ、認められることで、自己肯定感に支えられて丈夫な根っこが育ちます。
　リストカットや、鼻汁をなめる行為は自分を確認するための行動のように思えます。いわば親にまるごと受け止めてもらえなかった代償行為といえるでしょう。
　今からでも遅くはありません、まるごと受け止めてもらえた時に子どもは、「今の自分が好き」と言えるような自分づくりを始めるでしょう。

久芳美恵子・梅原厚子

参考文献 ●●●

『心が壊れる子どもたち』宮川俊彦、角川文庫、1995 年

『子どもと悪』河合隼雄、岩波書店、1997 年

「いじめ問題研究報告書 —— いじめの心理と構造を踏まえた解決の方策」東京都立教育研究所、1998 年

「特別研究報告書 —— 子どもたちの揺れ動く心と学校の在り方」東京都立教育研究所、1999 年

『いじめと不登校』河合隼雄、潮出版社、1999 年

「学校・関係機関等による不登校児童・生徒への支援に関する研究」東京都立教育研究所、2000 年

『子どもが危ない・どう救う』毎日新聞社生活家庭部編、エール出版、2001 年

『子どもの心』氏原寛、創元社、2001 年

『教師のための教育相談の基礎』久芳美惠子、三省堂、2003 年

『つまずきのある子の学習支援と学級経営 —— 通常の学級におけるLD・ADHD・高機能自閉症の指導』吉田昌義・吉川光子・河村久・柘植雅義、東洋館出版社、2003 年

『怒りをコントロールできない子の理解と援助 —— 教師と親のかかわり』大河原美以、金子書房、2004 年

『こころの子育て「誕生から思春期までの48章」』河合隼雄、朝日新聞社、2004 年

『カウンセリングの話』平木典子、朝日新聞社、2004 年

『子どものこころ百科』東山紘久編、創元社、2005 年

『LD、ADHD、自閉症、アスペルガー症候群 「気がかりな子」の理解と指導』「児童心理」編集委員会編、金子書房、2005 年

『教師のための不登校サポートマニュアル —— 不登校ゼロへの挑戦』小林正幸、明治図書、2005 年

『〈教室で気になる子ども〉LD、ADHD、高機能自閉症児への手だてとヒント』黒川君江編、小学館、2005 年

『LD・ADHD・高機能自閉症の指導ガイド』国立特殊教育総合研究所、東洋館出版社、2005 年

『子どものこころのケア』市川宏伸・内山登紀夫・広沢郁子編、永井書店、2006 年

『マズローの心理学』フランク・ゴーブル、1972 年

参考情報

■主な相談機関

教育研究所（教育センター）	教育にかかわって生じる諸問題について、カウンセラーや教師等が相談を通じて、指導・助言を行う機関。全国各地に公立・私立の教育研究所がある。もっとも通常行われるものは治療指導としての教育相談である。反社会的行動や非社会的行動、神経症等々の問題行動を示す子どもについて対応するものである。
児童相談所	児童福祉法に基づいて各都道府県および政令指定都市に接地され、子どもの育児、健康、学習、問題行動、進学等の相談に応ずると共に保護を必要とする子どもを発見・調査し、その適切な措置をする機関である。児童福祉司、臨床心理判定員や一時保護施設の専門職員等がいる。児童福祉施設への入所措置は、母子寮、授産施設、保育所を除き、すべて児童相談所の措置会議で決定される。
福祉事務所	都道府県、市および特別区に設けられている福祉行政機関。1951年より発足し、人口50万人ごとに一か所設置されている。主として生活保護法、児童福祉法、身体障害者福祉法、知的障害者福祉法、老人福祉法、母子福祉法などで定める援護、育成、それに更正の措置を行う。職員は、指導監督職員のほか、身体障害者福祉司、知的障害者福祉司、老人福祉司等。
保健所	地方における公衆衛生の向上および増進を図るため、都道府県および政令指定市が人口およそ10万人に対して一カ所の割合で設置することとされている。保健所の事業内容は、①児童の保護についての知識普及、②児童の健康相談、健康診断、保健指導、③身体障害児の療育の指導、④児童福祉施設への栄養改善や衛生等に関する助言などの業務や、母子保健法に定められている各種の業務等である。
精神衛生センター	1965年、精神衛生法の改正に伴い、地域に対する精神衛生サービスの機能を強化し、その向上を図ることを目的として、都道府県に設置された施設。その役割は、地域活動の第一線機関である保健所と協力して、精神衛生に関する知識の普及、調査研究、精神衛生相談・指導を行うとともに、精神衛生関係職員に対する技術的な指導・助言を行うことによって、地域の精神衛生の向上に努めることにある。

■相談所を選ぶ際のポイント

病院やクリニック	精神科で診察を受けます。とくに小児精神科や思春期外来を行っているところは、その専門家がいるのでおすすめです。精神科は小児から老年まで幅広く年齢層を扱いますが、年齢によって症状も異なり、その症状の解釈や治療が異なります。
民間の相談機関	精神科の医師や臨床心理士といった専門家が相談にあたっている所から、いわゆる資格のまったくない個人がやっている所までさまざまです。公の相談機関は無料ですが、費用がかかります。

＊病院や民間の機関に相談する場合、信頼できる人（養護教諭や心身障害児学級担任等が情報をもっていることが多い）に相談し、紹介してもらいましょう。

【編著者】

■**久芳美恵子**（くば・みえこ）
東京女子体育大学・同体育短期大学教授
都立養護学校教諭として知的発達障害児教育や就学相談に携わる。その後、都立教育研究所指導主事、教育相談担当統括指導主事を経て、現在は大学で「教育相談」及び「心身障害児教育」を講義する傍ら、カウンセラーとして学生相談を担当している。

■**梅原厚子**（うめはら・あつこ）
目黒区教育委員会療育相談員
「大人にとってどんなに困ることでも子どもの言動にはすべて意味がある」・この意味を知りたくて東京都公立小学校教諭時代から一貫して学校教育相談研究に関わる。
前大田区立東調布第三小学校長、元東京都学校教育相談研究会会長

【臨床心理士より】

■**加室弘子**（かむろ・ひろこ）
臨床心理士・世田谷区教育委員会教育相談専門指導員
長く東京都教育委員会所管の教育相談機関で問題を抱えた子どもや保護者への支援を、そして現在は世田谷区教育委員会において教育相談業務に携わる。

【執筆者一覧（50音順）】

犬塚喜久男	：東京都足立区立蒲原中学校校長
岡村克志	：東京都港区立芝小学校副校長
川崎知己	：東京都三鷹市教育委員会統括指導主事
喜多容子	：東京都世田谷区立尾山台小学校教諭
倉田まゆみ	：東京都墨田区立業平小学校教諭
古宮キヨ子	：東京都日野市立平山小学校校長
小泉一弘	：東京都大田区立田園調布小学校教諭
田村佳子	：東京都北区立柳田小学校教諭
不破澄子	：元東京都世田谷区教育委員会就学相談員
森嶋尚子	：東京都品川区立品川小学校教諭

イラスト	たかえみちこ
カバーデザイン	守谷義明＋六月舎
本文レイアウト	Shima.

イラスト版 こころのケア
子どもの様子が気になった時の49の接し方

2006年11月30日　　第1刷発行
2013年 2月15日　　第6刷発行

編著者	久芳美恵子・梅原厚子
発行者	上野良治
発行所	合同出版株式会社
	東京都千代田区神田神保町1-28
	郵便番号 101-0051
	電話 03（3294）3506　FAX 03（3294）3509
	URL：http://www.godo-shuppan.co.jp/
	振替 00180-9-65422
印刷・製本	新灯印刷株式会社

■刊行図書リストを無料送呈いたします。
■落丁乱丁の際はお取り換えいたします。

本書を無断で複写・転訳載することは、法律で認められている場合を除き、著作権及び出版社の権利の侵害になりますので、その場合にはあらかじめ小社あてに許諾を求めてください。
ISBN978-4-7726-0365-2　NDC376　257×182　©Mieko Kuba & Atuko Umehara , 2006